QUAL É A DELES?

Crystal Kirgiss

QUAL É A DELES?

Traduzido por SUSANA KLASSEN

mundocristão
São Paulo

Dados Internacionais de Catalogação na Publicação (CIP)
(Câmara Brasileira do Livro, SP, Brasil)

Kirgiss, Crystal

Qual é a deles? / Crystal Kirgiss; traduzido por Susana Klassen — São Paulo: Mundo Cristão, 2011.

Título original: What's Up With Boys?

1. Adolescência 2. Adolescentes (Meninos) 3. Homem-mulher — Relacionamento — Aspectos religiosos — Cristianismo I. Título.

11–07686 CDD — 248.83

Índices para catálogo sistemático:
1. Jovens: Práticas religiosas: Cristianismo 248.83
2. Jovens: Vida cristã: Orientações: Cristianismo 248.83
Categoria: Adolescentes

Publicado no Brasil com todos os direitos reservados por:
Editora Mundo Cristão
Rua Antônio Carlos Tacconi, 79, São Paulo, SP, Brasil, CEP 04810-020
Telefone: (11) 2127-4147
Home page: www.garotasdefe .com.br

1ª edição: outubro de 2011

Aos garotos da minha vida,
Mark, Tyler, Tory e Tate

Sumário

Agradecimentos

Obrigada...

Camille Miller, Tyler Thigpin e
estudantes da Grace Fellowship Church;
Brandi Loope-Pemberton, Jason Stevenson, Mary Jenkins,
Jason Mayhall e estudantes da Stonebriar Church;
John Coler e estudantes da Hope Lutheran Church;
Dave Gruthusen e estudantes da Arlington Heights
Evangelical Free Church;
alunos participantes do coral da Detroit Lakes High School;
e Cavaleiros da Távola Redonda...

Kyle Anderson
Nathan Benson
Ryan Bridgeman
Will Frank
Mike Frankberg
Mark Kozitka
Sam Mosher
Adam Schmidt

... por sua honestidade, franqueza, percepção e bom humor.

P. S.

Sou uma grande fã do *P. S.* Quando escrevo *e-mails* ou cartas, muitas vezes chego ao final e percebo que me esqueci de incluir alguma informação importante. Ou penso em mais uma coisinha que quero dizer antes de clicar em "enviar" ou antes de colar o envelope. Este *P. S.* está no começo do livro porque é uma dessas questões importantes que surgem de última hora e que você precisa saber. E, neste caso, é algo que você precisa saber *antes* de continuar a ler. É comum tratar desses assuntos na introdução, mas como muita gente nem olha para introduções, vou colocar um *P. S.* e esperar que vocês tenham curiosidade suficiente de lê-lo antes de pular para o capítulo um.

Primeiro, quero me apresentar. Tenho três filhos adolescentes. Sou casada com Mark Kirgiss há quase vinte anos. Mark trabalha para *Young Life*, uma organização que compartilha o evangelho com adolescentes. Além dos nossos três filhos, portanto, passamos tempo com centenas de outros adolescentes. Trabalho meio período numa escola onde ajudo nos ensaios de coral e de musicais. Isso significa que passo tempo com adolescentes dentro e fora da escola.

Os meninos são mais fortes.
ALLYSSA, 7

Sou do sexo feminino (óbvio, não?) e acho que as garotas são o máximo. Fomos projetadas pelo Deus criador de modo maravilhoso e nunca passou pela minha cabeça que seria melhor ter nascido menino.

Vivo cercada de garotos. Sou minoria entre meu marido, meus filhos e nosso pássaro de estimação. Minha opinião em relação aos garotos é a mesma que em relação às garotas. Eles são o máximo. Foram projetados pelo Deus criador de modo maravilhoso e espero que nunca passe pela cabeça deles que seria melhor ter nascido menina.

Garotas são o máximo... garotos são o máximo. E é por isso que este livro existe — porque quero que todas as meninas sejam fãs dos meninos. Em minha opinião, isso só é possível quando as meninas conseguem entender os meninos um pouco melhor.

Ao ler este livro tenha em mente que, muitas vezes, ele fala em termos gerais. Em outras palavras, a maioria das coisas aqui escritas vale para a maioria dos garotos e garotas, mas nem todas essas coisas valem para todos os garotos e todas as garotas.

Os seres humanos são singulares. Não existem duas pessoas iguais. Existem, porém, algumas coisas que, em geral, valem para a maioria das meninas e outras coisas que, em geral, valem para a maioria dos meninos. Ao longo dos capítulos, não ignore as partes que não se aplicam a você, pois elas *vão ter* tudo a ver com alguém que você conhece. E não julgue as pessoas com base no quanto elas se encaixam no perfil masculino ou feminino típico. Por exemplo: muitos garotos se saem bem em esportes. Mas alguns não. Seria um erro sério pensar que os caras que não são tão atléticos sejam menos masculinos do que os caras atléticos. Da mesma forma, muitas garotas gostam de falar. Conversam com as amigas sempre que surge uma oportunidade. Algumas meninas, porém, são mais caladas. Se você conhece uma menina que não fala tanto (ou se você mesma é assim), não imagine que seu cérebro é, de alguma forma, menos feminino que o cérebro das meninas supertagarelas.

Cada pessoa foi criada exatamente do jeito que Deus planejou. Nenhum garoto é exatamente igual aos outros. Nenhuma garota é exatamente igual às outras. Em geral, porém, a maioria dos garotos tem algumas características em comum e a maioria das garotas também.

Portanto, vire a página e comece a descobrir por que os meninos são do jeito que são. Você verá que não é assustadoramente complicado. Ao mesmo tempo, também não é algo simples como "os meninos são assim mesmo, e ponto final".

Crystal

As meninas usam vestidos e os meninos usam ternos.
Bryssa, 4

LISTE TRÊS COISAS QUE VOCÊ NÃO ENTENDE NOS MENINOS:

Por que eles não gostam de tomar banho. Por que eles não gostam de se barbear. Por que eles dizem que se preocupam com a aparência, mas não estão nem aí para os dois itens anteriores.

LIZ, 15 (ANOS)

Como eles conseguem se aprontar em dois minutos e ficar com um visual bacana. Por que eles não são apegados aos amigos da forma que as meninas são apegadas às amigas. Por que a vida deles gira em torno de carros.

RUBY, 17

Por que eles não entendem *nada* de meninas. Por que eles agem como se fossem durões. Por que eles não contam para os outros o que estão sentindo.

SARAH, 15

Por que eles acham que, só porque nascem pelos no rosto deles, esses pelos precisam ficar aparecendo. Por que eles comem de tudo e não ganham peso. Por que eles acham que, só porque eu sou menina, não posso me sair bem no estande de tiro ao alvo.

KELLEY, 17

Como é que eles conseguem fazer tudo melhor do que as meninas. Por que eles podem ficar bravos com as meninas, mas não vice-versa. Como é que eles conseguem se interessar por alguma coisa por uns cinco minutos — no máximo.

MELISSA, 16

Como é possível um socar o outro e, três segundos depois, serem os melhores amigos. Por que eles fazem concursos de pum para impressionar outros meninos. Por que eles dirigem com o banco do carro quase deitado.

AMY, 16

Por que eles agem de um jeito tão imaturo. Por que eles arrotam em público. Por que, às vezes, eles são tão mal-educados.

SAMANTHA, 16

Por que eles são peludos. Por que eles não podem ser mais gentis. Por que eles gostam tanto de se sujar.

KARI, 16

Por que eles não olham para você quando estão falando. Por que eles resmungam tanto. Por que eles não são chegados a limpeza.

PAULA, 16

Como eles conseguem se aprontar para sair em três minutos. Por que eles sempre dão risada das meninas. Por que eles vivem batendo uns nos outros.

BRITTANY, 16

Por que eles sempre têm que vencer. Por que eles costumam gostar do perigo. Por que eles não dizem logo o que estão sentindo.

CHERLINE, 16

Por que eles vivem batendo uns nos outros. Por que eles esculhambam uns aos outros. Por que eles vivem fazendo palhaçada.

ROSE, 15

Por que eles são esquisitos. Por que eles são bem mais altos que eu. Por que eles não expressam os seus sentimentos.

MARIE, 17

Quanto eles são indecisos. Por que eles riem de coisas que não têm a mínima graça. Por que eles reclamam das meninas.

JENNIFER, 16

Por que eles sempre fazem barulhos. Por que eles morrem de medo daquilo que tem a ver com sentimentos. Por que eles conversam sobre coisas esquisitas.

JESSICA, 16

Por que eles não se arrumam direito. Por que eles passam horas lavando o carro, mas não lavam o cabelo. Por que eles nunca têm uma opinião formada.

LISA, 16

Você pensa que eles gostam de você, mas no dia seguinte eles parecem não ligar a mínima. Bermudas imensas de *skate*. Como eles vivem preocupados com o cabelo.

LIZZY, 11

O jeito de agir. O jeito de se vestir. O jeito de comer.

ALLIE, 12

1 A camiseta

Tudo começou com uma camiseta...

Alguns anos atrás, eu estava na sala de música da escola de ensino médio onde trabalho meio período. Estava almoçando com algumas meninas e jogando conversa fora, falando sobre as atividades daquele dia, elogiando o esmalte lindo da Annie, a mecha cor-de-rosa no cabelo de Kayla e dando os parabéns a Amy por ter sido aceita no time de hóquei da escola quando Erin entrou na sala vestindo uma camiseta rosa choque, com as seguintes palavras estampadas na frente:

MENINOS SÃO BABACAS... JOGUE PEDRAS NELES.

Todo mundo riu da camiseta e começou a fazer comentários do tipo:

— *Geeente*, é, tipo, bem assim!

— Onde você comprou essa camiseta? Eu quero uma igual!

— Quem fez essa camiseta deve conhecer meu irmão.

— Meninos não são só babacas. São *ultramegababacas*.

— Por que os meninos são tão chatos?

— Pena que eu não tinha umas pedras pra jogar no Travis na aula de matemática hoje cedo.

Os meninos gostam de se casar.

LAUREN, 3

Em pouco tempo, os comentários se transformaram numa discussão animada sobre como os meninos são, como agem, as coisas que fazem e dizem. Em resumo, as meninas detonaram quase toda a população masculina da escola. Tinham milhões de reclamações na ponta da língua e quase nenhum elogio. No final das contas, concluíram que a camiseta da Erin era a declaração de um fato. Mesmo que não fosse legal as meninas apedrejarem de verdade os meninos, era divertido imaginar como seria tacar uma ou duas pedras neles.

Espero que você não fique com uma impressão errada dessas meninas. Elas não são violentas. Não são um bando de delinquentes. Não tomam suspensão na escola. Não andam pelos corredores tentando comprar briga com os outros. No máximo, tomam uma advertência por terem se atrasado em muitas aulas da mesma matéria. E tenho certeza de que elas não costumam jogar pedras em ninguém... nem mesmo em meninos.

Elas são típicas garotas adolescentes bem educadas, legais e amigáveis.

E, mais cedo ou mais tarde, a maioria das típicas garotas adolescentes bem educadas, legais e amigáveis se sente frustrada, confusa e chateada com os típicos garotos adolescentes.

É bem provável que seja por isso que você está lendo este livro: para ajudá-la a entender melhor os garotos.

Naquele dia, na sala de aula da escola, enquanto as meninas expressavam suas opiniões sobre os meninos, comecei a pensar em algumas coisas.

Primeiro, se um menino aparecesse com uma camiseta "MENINAS SÃO BABACAS... JOGUE PEDRAS NELAS", causaria o maior alvoroço. O diretor provavelmente diria ao garoto que ele não devia usar uma camiseta machista como essa. As meninas se juntariam e passariam um sermão sobre a falta de educação e a maldade dele. As professoras o chamariam de lado e, com muito jeito, diriam que ele estava sendo indelicado e insensível com as meninas. A mãe do menino provavelmente o colocaria de castigo no quarto por um mês, sem direito a jantar. Então por que Erin não recebeu o mesmo tratamento? Será que no mundo de hoje existem dois pesos e duas medidas e, por isso, não tem problema quando meninas expressam suas opiniões negativas sobre os meninos, mas o contrário não é permitido?

Segundo, uma vez que tenho três filhos adolescentes que, por acaso, eu amo *demais da conta*, mesmo quando eles me tiram do sério, acho que os garotos são legais. Claro que, de vez em quando, é difícil entendê-los. Tem horas que eles me chateiam. E é verdade que eles são esquisitos, diferentes e, em algumas ocasiões, completamente doidos. Mas não é a mesma coisa com as meninas adolescentes? Nós todos, meninos e meninas, não temos momentos em que somos confusos, misteriosos e difíceis de entender?

Terceiro, é claro que meninos e meninas são diferentes (e não só nas características físicas mais óbvias). Se não fossem diferentes, não haveria tanta frustração, tantos mal-entendidos e tantas gozações. Tirinhas, programas de televisão e filmes não teriam metade das piadas que têm. Não haveria tantas revistas diferentes. Não existiriam palavras como *ele, ela, dele, dela*. Não haveria uma seção para meninos e outra para meninas nas lojas de roupas.

Não haveria camisetas com os dizeres: "MENINOS SÃO BABACAS... JOGUE PEDRAS NELES".

Os meninos gostam de fazer um monte de piadas.
TANNER, 7

A história de como os dois sexos se relacionam não é nova. Vem lá do começo dos tempos, do momento na criação em que Deus criou o homem e depois a mulher. Ele não fez um homem e depois outro homem. Não fez uma mulher e depois outra mulher.

Ele fez o homem. Depois fez a mulher. Desde o início, os dois eram bem diferentes um do outro. Primeiro, eram diferentes porque cada um era um indivíduo singular. Talvez um gostasse de morangos e o outro, de uvas. Talvez um preferisse gatos e o outro, cachorros. Talvez ele gostasse de ver o sol se pôr e ela gostasse de ver o sol nascer. Quem sabe? Sem dúvida, porém, tinham personalidades distintas e únicas. Do contrário, por que Deus teria criado os dois? Se a ideia era que fossem iguais, poderia ter criado o homem e, depois, simplesmente feito um clone dele.

Segundo, os dois são diferentes em função do sexo.

Hoje em dia, sexo é um assunto da moda. Há discussões sobre o que são os sexos, como se desenvolvem e como afetam os indivíduos. Cientistas, antropólogos e psicólogos têm as mais variadas opiniões sobre essa questão. Alguns acreditam que a diferença entre os sexos é algo real. Outros acham que é uma distinção artificial. Alguns acreditam que o sexo faz parte da pessoa quando ela nasce (tem a ver com sua natureza), enquanto outros afirmam que ele é determinado pela forma como a criança é educada (tem a ver com o ambiente).

Comecemos, portanto, com uma definição. Existem outras definições para sexo, mas, para nossa conversa neste livro, vamos dizer que o sexo humano é uma classificação baseada no fato de o indivíduo ser homem ou mulher.

Se algo não tem sexo ou características que o definam, nós o chamamos de genérico. Esse termo é usado com frequência nos supermercados, quando falamos de produtos genéricos, ou seja, que não são de marcas tradicionais. Quando um produto é de marca conhecida, dizemos que ele é "de verdade" e muitas pessoas, especialmente crianças, dizem que os produtos genéricos não são tão gostosos quanto os de verdade. Nos achocolatados como Toddy® ou Nescau®, por exemplo, eu até concordo.

Podemos dizer o mesmo dos seres humanos. Deus criou os seres humanos com sexos diferentes porque isso dá ao mundo mais sabor, mais variedade, mais tempero. Em seu livro *Coração selvagem: descobrindo os segredos da alma do homem* (CPAD, 2004), John Eldredge escreve: "Deus não cria pessoas genéricas; ele cria alguém extremamente distinto: homem ou mulher. Em outras palavras, existe um coração masculino e um coração feminino que, cada um à sua maneira, reflete ou retrata para o mundo o coração de Deus".

Concordo com ele. Homens e mulheres são distintos. Características masculinas e femininas são distintas. E ambos foram criados igualmente à imagem de Deus.

Isso não significa que os homens tenham apenas características masculinas e as mulheres apenas características femininas. Uma vez que os dois conjuntos de características refletem a imagem de Deus, ambos estão presentes nos seres humanos. A tendência, porém, é que os homens tenham mais características masculinas e as mulheres tenham mais características femininas.

A princípio, definimos o sexo da pessoa com base apenas no sistema reprodutor. Quando o bebê nasce, a primeira pergunta

As meninas gostam de brincar de casinha.
Lauren, 5

que se faz é quase sempre: "É menino ou menina?". E como o médico ou os pais sabem a resposta? Simples: é só olhar entre as pernas do bebê. Ponto final.

Mas o sexo é muito mais do que isso. Se pudéssemos olhar dentro da cabeça do bebê quando ele nasce e analisar seu cérebro, é provável que conseguíssemos identificar se ele é menino ou menina. Por quê? Porque o cérebro masculino e o feminino são diferentes mesmo em recém-nascidos. Acontece que ser homem ou mulher tem a ver com muito mais coisas que os órgãos sexuais. Envolve todo o ser: como pensamos, nos desenvolvemos fisicamente, nos comunicamos, reagimos e nos comportamos. Você é 100% do sexo feminino. Foi assim que Deus a planejou e criou. E os garotos são, é claro, 100% do sexo masculino. Foi assim que Deus os planejou e criou.

Há muito tempo é de conhecimento geral que existem diferenças entre os sexos (falaremos dessas diferenças mais adiante). Mas além de reconhecerem essas diferenças, antes as pessoas diziam que somente homens podiam e deviam fazer certas coisas, como ser médicos, e somente mulheres podiam e deviam fazer certas coisas, como ser professoras.

Quem pensava dessa forma estava errado. Diferente ou não, na verdade, existe só uma coisa que uma mulher não é capaz de fazer: ser pai. E existe só uma coisa que um homem não é capaz de fazer: ser mãe.

Uns sessenta anos atrás, muitas pessoas foram para o outro extremo deste tipo de pensamento. Começaram a dizer que, exceto pelos órgãos reprodutores, homens e mulheres não eram nem um pouco diferentes uns dos outros. Também diziam que, pelo fato de não serem diferentes, homens e mulheres não apenas *podiam* mas *deviam* fazer as mesmas coisas. Em outras palavras, devia haver o mesmo número de indivíduos de ambos os sexos em todas as ocupações: soldados, inventores, engenheiros, e por aí afora.

Quem pensava dessa forma também estava errado. Só porque homens e mulheres são capazes de ser médicos, advogados, professores, artistas etc., não significa que eles sejam iguais.

Você não acha que é hora de encontrarmos um meio-termo? Não quero viver em um mundo que me diz: “Você não pode fazer isto ou aquilo porque é mulher”. Também não quero viver em um mundo que me diz: “Você deve fazer isto ou aquilo porque é mulher”. Quero ser eu mesma e me sair bem nisso.

Acredito que os garotos pensem da mesma forma. Não querem que os outros digam que, só porque são homens, não podem chorar. Também não querem que os outros digam que, só porque são homens, devem ser atléticos e competitivos o tempo todo.

Cada menino, assim como cada menina, é um indivíduo projetado e criado de forma singular. Cada menino, assim como cada menina, possui determinadas características que refletem a imagem de Deus. Cada menino, assim como cada menina, é profundamente amado por Jesus Cristo.

Meninos e meninas não são apenas singulares como indivíduos. Também são singulares como grupo, ou seja, os garotos como um todo são diferentes, em vários sentidos, das garotas como um todo. É aí que os sexos entram em cena outra vez. Masculino e feminino. Ambos criados e amados pelo Deus que deseja se relacionar com eles.

E ambos diferentes um do outro.

Os meninos se comportam bem pior que as meninas.
MADELEINE, 8

Até mesmo crianças pequenas sabem que isso é verdade. A seguir, você vai ver duas listas. Uma foi elaborada por uma garotinha de quatro anos e a outra, por um garotinho da mesma idade. Cada lista traz as dez maiores diferenças entre meninos e meninas. As duas crianças são de famílias que acreditam em dar oportunidades iguais a todos os filhos. Ninguém proibiu o garotinho de brincar com bonecas se ele quisesse. E ninguém proibiu a garotinha de brincar com caminhões se ela quisesse. Ninguém disse que eles só podiam fazer determinadas coisas por serem menino ou menina. Nenhum dos dois aprendeu que os meninos devem ser de certo jeito e as meninas, de outro.

São apenas duas típicas crianças de 4 anos que, em seus poucos anos de vida, observaram algumas coisas a respeito de meninos e meninas.

As dez maiores diferenças entre meninos e meninas

Lista elaborada por Linni, de 4 anos, de Atlanta.

1. Os meninos gostam de brincar com caminhões mais que as meninas.
2. Os meninos gostam de comer mais que as meninas.
3. Os meninos gostam de dinossauros mais que as meninas.
4. Os meninos são maiores que as meninas.
5. Os meninos têm cabelo mais curto que as meninas.
6. Os meninos não usam vestido.
7. Os meninos não vestem casaco quando está frio.
8. Os meninos são mais altos que as meninas.
9. Os meninos podem ser papais, mas as meninas não.
10. Os meninos têm rabos. [Pense um pouco e você vai entender!]

As dez maiores diferenças entre meninas e meninos

Lista elaborada por Austen, de 4 anos, de São Diego.

1. As meninas usam vestido.
2. Os meninos usam cueca; as meninas usam calcinha.
3. As meninas não levantam o assento da privada.
4. As meninas têm cabelo comprido.
5. As meninas não jogam beisebol.
6. As meninas não têm pipis.
7. Os papais têm o corpo peludo.
8. As meninas gostam de bonecas.
9. As mamães usam maquiagem em vez de creme de barbear.
10. As meninas dão gritinhos; os meninos berram.

Além de as duas listas serem diferentes, a forma como foram elaboradas também não foi igual. Linni sentou-se à mesa da cozinha e coloriu um desenho enquanto ditava a lista para a mãe. Levou apenas alguns minutos. Austen, em contrapartida, precisou de quase quatro dias para elaborar a lista dele. Estava ocupado demais fazendo outras coisas, como correr pela casa com seus carrinhos e caminhões. Quando finalmente chegou ao quarto item da lista, passou voando pela mãe, fazendo um monte de ruídos de motores e disse: "Mãe, termina pra mim?".

Será que Linni e Austen sofreram uma lavagem cerebral do mundo ao redor e, por isso, acreditam que meninos e meninas são diferentes? Ou será que são sinceros e espontâneos o suficiente para observar e admitir aquilo que a maioria de nós já sabe: que meninos e meninas são, de fato, diferentes?

As meninas choram mais que os meninos.
EDEN, 4

Não acho que os dois tenham sofrido uma lavagem cerebral. Acho que são bem espertos. E também têm sorte de terem pais que os deixam serem eles mesmos. Austen gosta de caminhões. Os pais dele nunca disseram: "É o seguinte, Austen: para ser um homem completo e sensível, você precisa brincar com bonecas tanto quanto você brinca com caminhões". Linni gosta de colorir desenhos. Os pais dela nunca disseram: "É o seguinte, Linni: para ser uma mulher forte e assertiva, você precisa gastar tanto tempo pulando em cima dos móveis quanto você gasta colorindo desenhos". Se Linni gostasse de pular em cima dos móveis da casa, os pais dela não a proibiriam. Espera um pouco... Retiro o que disse. É bem provável que a proibissem, sim. Mas se Linni gostasse de brincar de caminhão, ninguém implicaria com ela.

Falei tudo isso para mostrar que o motivo de você estar lendo este livro não é que os garotos são iguais a você. Se fossem, você não teria dúvida alguma em relação a eles. Você está lendo este livro por que a maioria dos garotos *não* é igual a você. Isso cria confusão, irrita e, às vezes, até chateia. Ao mesmo tempo, você deve achar preferível entendê-los melhor a passar o resto da vida confusa, irritada e chateada.

Depois de fazer uma pesquisa com centenas de adolescentes em todo o país, descobri que a maioria das meninas tem o mesmo tipo de dúvida em relação aos meninos. Veja quais são:

- Por que os garotos agem como valentões?
- Por que os garotos são tão competitivos?
- Por que os garotos se comportam de um jeito perto das meninas e de outro perto dos amigos deles?
- Por que os garotos agem de forma tão imatura?
- Por que os garotos não conversam sobre as coisas?
- Por que os garotos não demonstram sentimentos?

- Que graça eles veem em coisas como arrotar e soltar pum?
- Por que eles são tão obcecados por sexo?
- Por que eles precisam sempre ter razão e ser tão mandões?
- Por que eles são tão insensíveis?

Você notou como todas as perguntas acima são feitas num tom ligeiramente negativo? Isso não quer dizer, necessariamente, que as meninas se expressaram dessa forma de propósito. No mundo de hoje, porém, é comum as garotas juntarem os garotos em um bolo só e os descreverem como babacas infantis, mal-educados, insensíveis e nojentos. Isso não é legal nem para os meninos nem para as meninas. Não é legal para os meninos porque os reduz a uma raça sub-humana de brutamontes. E não é legal para as meninas porque não as ajuda a olhar além do caráter imediato (e em fase de desenvolvimento) dos meninos e enxergar o homem que existe dentro deles e que um dia virá à tona.

Meninas, a verdade é que muitas vezes os meninos agem mesmo de forma imatura... e nojenta, e boba, e todos os outros adjetivos mencionados na pesquisa. Ainda assim, eles foram criados por Deus e são extraordinários, incríveis e admiráveis.

A propósito, a pesquisa feita com os meninos revelou uma longa lista de coisas que eles não entendem nas meninas:

- ★ Por que as meninas falam o tempo todo?
- ★ Por que as meninas se preocupam tanto com a aparência?
- ★ Por que as meninas choram por qualquer bobeira?
- ★ Por que as meninas fazem fofoca, até mesmo das amigas?
- ★ Por que as meninas são obcecadas por moda?

As meninas não gostam de sujar as roupas.

Tanner, 7

- ★ Por que as meninas usam uns cintinhos absurdos que nem têm passadores?
- ★ Por que as meninas vão ao banheiro em grupo?

Percebeu que é uma rua de duas mãos? Nós não entendemos os garotos. E eles não nos entendem.

Espero que este livro ajude a mudar essa situação.

Não é um livro que detona os garotos.

Não é um livro que ensina como fisgar um garoto.

Não é um livro cheio de queixas e lamentações.

É um livro sobre como Deus fez os garotos e que explica por que eles fazem as coisas que fazem.

No final, se você conseguir entendê-los um pouco melhor, teremos alcançado o nosso objetivo. E isso será bom não só para você, mas também para os meninos na sua vida.

Para Ler

Gênesis 1.26-31

Para pensar

1. Pense em alguns exemplos de crítica a homens e meninos na mídia. Você acha que falar mal dos meninos é considerado mais aceitável que falar mal das meninas? Por quê?
2. Em sua opinião, quais são as maiores diferenças entre meninos e meninas?
3. Você acha que as diferenças entre meninas e meninos foram criadas por Deus, são impostas pelo mundo ou as duas coisas?
4. Qual é a coisa que você mais gostaria de entender nos meninos? Qual é a coisa que você mais gostaria que os meninos entendessem em você?

GAROTAS FALAM DE GAROTOS

Quando eles deixam de ser imaturos?

Por que eles não expressam os sentimentos?

Por que eles precisam sempre ter a resposta certa?

Por que eles são tão mal-educados?

Por que eles gostam tanto de caçar, pescar e essas coisas?

Por que eles acham tanta graça de coisas nojentas?

Por que eles vivem arrotando?

Por que eles vivem perguntando "O que foi?", tipo, umas 500 vezes em seguida?

É irritante quando eles deixam mensagens superlongas na secretária eletrônica e a sua família inteira pode ouvir.

Por que eles se fazem de durões o tempo todo?

Por que eles evitam conversar?

Por que eles sentem sempre a necessidade de competir?

Por que eles precisam sempre vencer? Egocêntricos!

Por que eles vivem falando do corpo das meninas?

Eles são totalmente ligados em carros, não têm bom gosto para se vestir e vivem de mau humor.

Por que eles são tão tímidos?

Por que eles sempre mudam quando estão perto dos amigos?

É difícil demais entender o que se passa na cabeça deles.

Eles são superteimosos.

Por que os garotos sempre tentam ignorar os problemas?

Que graça tem essa postura de valentão?

Eles só falam de carros, garotas e esportes.

Como eles conseguem deixar as chateações de lado com tanta facilidade?

Por que eles agem como se não ligassem?
Por que eles querem sempre mandar nos outros?
Por que eles não ouvem quando a gente fala?
Por que eles nunca tentam enxergar as coisas pelo nosso ponto de vista?
Por que eles não conseguem fazer duas coisas ao mesmo tempo?
É irritante quando você põe a mão no cabelo de um garoto e tem tanto gel que os fios nem se movem e aí o garoto fica bravo.
Por que os garotos superam tudo tão rápido?
Por que eles fazem de conta que está tudo bem?
Eles têm expectativas diferentes em relação às meninas e a outros meninos.
Por que eles acham que piadas humilhantes são engraçadas?
Os garotos não têm noção daquilo que a gente está tentando dizer para eles.
Por que eles odeiam conversar por telefone?
Por que eles dizem que vão telefonar, mas não telefonam?
Por que eles são tão possessivos?
Por que eles gostam tanto de esportes?
Por que eles se preocupam tanto com a aparência física da menina?
É irritante que, quando os garotos arrotam, é legal; quando uma menina arrota, é falta de educação.
Por que eles não ligam para os nossos sentimentos?
Por que eles vivem tentando impressionar os outros?
Por que eles não dizem o que estão pensando de verdade?

Por que eles são convencidos, arrogantes e desrespeitosos?

Como é possível um garoto gostar de você num dia e, no dia seguinte, não gostar mais?

Por que eles vivem batendo um no outro e, depois, agem como se fossem amigos?

Eles são mal-educados, arrotam em público, batem uns nos outros e são imaturos.

Eles são sempre exibidos.

Por que eles estão sempre batendo em alguém?

Por que eles acham tão legal se sujar?

Por que eles nunca pedem ajuda e, quando estão perdidos, nunca pedem informação?

Por que eles têm mania de fingir que estão brigando nos lugares mais inapropriados?

Que graça têm os barulhos nojentos, tipo arrotos e puns?

Os garotos fazem comentários sobre tudo.

Por que eles não abrem portas para as meninas?

Por que eles não olham para você quando estão falando?

Por que eles resmungam?

O vocabulário deles é tão pequeno...

Não entendo como eles "saem do ar" quando estão assistindo à TV.

Por que eles são tão infantis? Por que agem como se tivessem 2 anos de idade?

Por que eles não sabem lavar louça?

Por que eles fazem coisas perigosas?

É irritante que os garotos conversam com você quando estão a sós, mas a ignoram quando os amigos dele estão por perto.

Por que eles precisam sempre vencer?

2 A guerra dos sexos

Em 1946, estreou na Broadway o musical *Annie Get Your Gun* (Annie pegue sua arma). A peça conta a história de Annie Oakley, uma garota do interior que sabe atirar como ninguém e resolve fazer parte do espetáculo itinerante "Show do Oeste Selvagem de Buffalo Bill". Annie se torna um sucesso e mostra que tem melhor pontaria que Frank Butler, a estrela do *show*, e, portanto, fere o ego de Frank. Mas isso não é o pior. Annie descobre que está apaixonada por Frank e fica preocupada de que ele não corresponda ao seu amor por causa da competição entre os dois no tiro ao alvo.

Se quiser saber como a história termina, assista ao filme *Bonita e valente* (no original, *Annie Get Your Gun*), de 1950.

Antes de (A)nnie e (F)rank se darem conta de que estavam apaixonados, os dois cantam:

(A): Eu sou melhor.
(F): Você é pior.
Juntos: Tudo o que você faz, eu posso fazer melhor.
(F): Pode nada.
(A): Posso sim.

Os meninos gostam de fazer tudo com força.
LAUREN, 5

(F): Pode nada.
(A): Posso sim.
(F): Pode nada.
(A): Posso sim, posso sim!
(F): Acerto uma codorniz com um tiro só.
(A): Pego um pardal com arco e flecha.
(F): Eu sei fazer de tudo.
(A): Até uma torta?
(F): Não.
(A): Nem eu.

E assim por diante.

A guerra dos sexos não é novidade. Está em andamento quase desde o começo da humanidade.

Quando Deus criou o homem e a mulher, havia alegria, satisfação e amor verdadeiro entre eles. O homem todo empolgado por Deus ter criado uma companheira para ele. Quando ele a viu pela primeira vez, disse: "Esta, sim, é osso dos meus ossos e carne da minha carne!". Ele sabia que a mulher podia ser sua companheira e amiga para a vida toda. A Bíblia diz que o homem e a mulher foram criados para complementarem um ao outro perfeitamente (dê uma espiada em Gênesis 1.23-31.)

Tudo isso mudou, porém, quando a serpente entrou em cena. Ela convenceu a mulher a quebrar a única regra que Deus havia definido. O homem e a mulher estavam cercados de coisas boas que Deus tinha dado para eles aproveitarem. Só não podiam comer do fruto da árvore do conhecimento do bem e do mal. Deus tinha dito que, se comessem do fruto, morreriam.

Você já se perguntou por que a serpente foi falar com a mulher, e não com o homem? Será que é porque as mulheres gostam mais de conversar? É por que elas são mais ingênuas? São mais influenciáveis? Não sei a resposta, mas sei que a serpente escolheu certo. Disse à mulher: "Essa história toda de que vocês morrerão se comerem do fruto da árvore é besteira. Pode acreditar".

Ela acreditou.

Ela comeu.

E convenceu o homem a comer também.

Você já se perguntou onde o homem estava enquanto a mulher conversava com a serpente? Será que ele estava cochilando? Assistindo a um jogo de futebol? Andando pelo jardim? Algumas pessoas acham que ele estava bem ali, ao lado da mulher. Nesse caso, por que ele não se manifestou e protegeu a mulher? Por que não mandou a serpente tomar chá de sumiço?

Não temos como saber.

O fato é que ele não interferiu.

E, pior de tudo, quando a mulher lhe ofereceu o fruto proibido, ele respondeu: "Beleza! Por que não? Você comeu e ainda está viva, então não vai fazer mal pra mim".

E foi aí que tudo começou a desandar.

O homem e a mulher não se apoiaram e não cuidaram um do outro como deveriam ter feito. Não se preocuparam com o bem um do outro. Não honraram um ao outro como criaturas amadas por Deus.

Quase todo mundo sabe o que aconteceu depois. Deus os encontrou e os expulsou do jardim onde viviam. No entanto, aconteceu mais uma coisa. Deus disse que uma separação havia ocorrido não apenas no relacionamento entre ele e os seres humanos, mas também no relacionamento entre o homem e a mulher. Leia Gênesis 3.16-19.

As meninas têm cabelo comprido; os meninos têm cabelo curto e espetado.
AUSTEN, 6

De repente, a relação que devia ser perfeita, cheia de apoio, ajuda e alegria, se estragou. E, desde então, homens e mulheres precisam fazer o maior esforço para conviver bem uns com os outros.

Quando você era pequena, provavelmente não ligava a mínima para quem brincava com você. Em creches e pré-escolas, meninos e meninas se misturam numa boa. Talvez não escolham sempre os mesmos brinquedos e talvez não gostem sempre das mesmas atividades, mas, no geral, parecem se dar bem uns com os outros.

Então, um dia, algo terrível acontece. Você fica um pouco mais velha, um pouco mais sábia e descobre os piolhos.

Os meninos acham que *as meninas* são cheias de piolhos.

As meninas acham que os *meninos* são cheios de piolhos.

Há piolhos por toda parte no *playground* e na sala de aula. Nenhum lugar é seguro. A vida mudou para sempre. O mundo se tornou um lugar perigoso. *Aaaaaargh*!

Você se lembra da primeira vez que um menino chegou para você e gritou: "Sua piolhenta!"? Pode ser uma experiência traumatizante. A maioria das meninas nem sabe o que é um piolho e, de repente, um garoto impertinente anuncia para o mundo inteiro que você tem isso aí. Quando eu estava no segundo ano, um menino disse a Mary, minha melhor amiga, que ela tinha piolhos. Primeiro, pensei que ela fosse chorar. Depois, achei que ela fosse contar para o diretor, ou para a inspetora de alunos. Em vez disso, ela fez o que qualquer garotinha com a mínima noção de autodefesa faria: chutou o menino em cheio na canela. Com força. Não foi muito legal, mas, na hora, pareceu a coisa certa a fazer.

A guerra entre os sexos é real. Nós contra eles. Meninos contra meninas. Homens contra mulheres. Masculino contra feminino. Cães contra gatos (quando era bem pequena, eu pensava que os cães e gatos se odiavam tanto porque todos os cães eram machos e todos os gatos eram fêmeas).

Por algum motivo, chegamos à conclusão de que, pelo fato de homens e mulheres serem diferentes, eles se encontram numa competição para ver quem é melhor.

Desde quando "diferente" significa "superior" ou "inferior"?

"Diferente" significa, simplesmente, que duas pessoas ou coisas não são iguais. Não tem nada a ver com seu valor ou qualidade.

No caso dos sexos, porém, é exatamente isso que algumas pessoas pensam.

Ao longo de boa parte da história, o mundo foi um lugar que favoreceu os homens. Eles eram considerados melhores e mais valiosos que as mulheres. Na verdade, ainda existem países onde o nascimento de uma menina é uma ocasião triste, enquanto o nascimento de um menino é motivo de comemoração.

Então, o mundo ocidental se tornou um lugar mais amistoso para as mulheres. Aliás, para ser valorizado, o homem precisava entrar em contato com seu lado feminino.

Em minha opinião, nem a primeira ideia nem a segunda captam o espírito da coisa. O mundo deve ser um lugar que favorece as *pessoas*. Em outras palavras, todos nós devemos ser valorizados pelo simples fato de termos sido criados por Deus. Só porque meninos e meninas pensam de forma diferente, não significa que um é melhor que o outro.

Muitos meninos são melhores que meninas em certas aptidões esportivas. Os garotos em geral são mais fortes porque têm mais massa muscular. Isso significa que eles são melhores que as garotas? De jeito nenhum.

Os meninos gostam de se sujar e ficar sujos.
Joshua, 10

Muitas meninas se saem melhor que os meninos na hora de entender como alguém está se sentindo. Por causa da estrutura do seu cérebro, as meninas em geral são mais intuitivas. Isso significa que elas são melhores que os garotos? De jeito nenhum.

Sair-se melhor numa área não torna alguém superior aos outros. Só o torna diferente.

Se você já fez bolo algumas vezes, sabe que muitas receitas usam exatamente os mesmos ingredientes: farinha, açúcar, óleo, ovos, fermento e sal. Cada receita, porém, usa quantidades diferentes desses ingredientes. Podemos dizer o mesmo das pessoas. Todos nós somos feitos dos mesmos ingredientes básicos, mas alguns têm uma quantidade maior de certo ingrediente e outros, uma quantidade menor. Isso faz que sejamos melhores ou piores? Não. Apenas faz que sejamos *diferentes*.

Todos os anos, o grupo de jovens com o qual eu trabalho organiza uma "Guerra dos Sexos". Meninas competem contra meninos numa porção de atividades, a maioria delas totalmente boba e sem sentido. Nos últimos dez anos, meninos e meninas venceram a competição o mesmo número de vezes. Quando os garotos vencem, não quer dizer que são melhores que as garotas. Quer dizer apenas que, naquele ano, se saíram melhor empilhando blocos de madeira, comendo salgadinhos e fazendo coisas ridículas com fita adesiva. Quando as garotas vencem, não quer dizer que são melhores que os garotos. Quer dizer apenas que, naquele ano, conseguiram se sair melhor no concurso de arrotos, no Twister® e na prova de pular em um pé só com os olhos vendados.

Quando a ideia é se divertir, não tem nada de errado em meninos e meninas competirem entre si. Aliás, pode ser uma forma bem legal de formar relacionamentos entre pessoas que não são da mesma turma.

Existe, contudo, uma linha muito fina que divide a competição sadia e a depreciação prejudicial. Uma coisa é a equipe das meninas dar risada porque os meninos ficaram com o rosto coberto de *chantilly*. Outra coisa, bem diferente, é as meninas dizerem, em tom de desprezo: “Cara, eles são babacas demais. Você já viu alguém mais porco?!”.

Quando as meninas dizem coisas desse tipo, na verdade estão afirmando: “Os meninos são muito mil vezes mais babacas que as meninas. Também são mil vezes mais porcos. Em resumo, não são tão bons quanto nós”.

Tanto meninos quanto meninas fazem esse tipo de coisa. Não é raro os garotos tirarem um barato das meninas e dizerem que são umas desmioladas, emocionalmente descontroladas e irracionais. Uma vez que este livro é para meninas, porém, vamos nos concentrar na forma com que elas agem em relação aos garotos.

Se você assiste à TV pelo menos de vez em quando, sabe que, volta e meia, os garotos e homens são retratados como sujeitos imaturos, insensíveis, machistas e burros. Nos programas de TV, não é raro as mulheres fazerem cara de desdém, como quem diz: “Francamente, quem foi que teve a ideia brilhante de criar esses sujeitos?!”.

Deus teve. E, uma vez que as ideias de Deus são sempre incríveis, é melhor começarmos a olhar para *os caras* com mais atenção e cuidado. Parte do problema para as meninas adolescentes é que os garotos da sua idade estão passando por mudanças drásticas durante essa fase. Você está vendo os meninos naquele que, provavelmente, é o momento mais turbulento, complicado e incompreensível da vida deles. As mudanças

Os meninos gostam de brincar de luta.
MATTHEW, 7

pelas quais um garoto passa entre o primeiro e o último ano do ensino médio são gigantescas. Claro que o mesmo se aplica às meninas. No geral, porém, os garotos passam por mudanças de maturidade mais drásticas que as garotas. Mais adiante, comentaremos sobre a razão disso tudo.

Helen Fisher é uma antropóloga de renome mundial. Certa vez, ela disse algo que faz um bocado de sentido: “A meu ver, homens e mulheres são como os dois pés. Um precisa do outro para ir para a frente”.

Em outras palavras, se meninos e meninas, homens e mulheres, conseguirem, de algum modo, deixar para trás a implicância uns com os outros e ser gentis e compreensivos uns com os outros, o mundo inteiro será um lugar melhor. Meninas, se você conseguirem começar a entender a fase da vida pela qual os meninos estão passando, e se conseguirem encará-la com um coração bondoso e paciente, e não com uma atitude de “Xiii, isso de novo?!”, vocês serão mais felizes (e as pessoas ao seu redor também).

Além de competir para ver quem é melhor, homens e mulheres também competem para ver quem tem a vida mais difícil. Por muito tempo, as meninas receberam a solidariedade e atenção do mundo por causa da sua situação de desvantagem. Por muito tempo, por exemplo, as mulheres não tinham direito de votar. Não podiam ser donas de propriedades. Não podiam tomar qualquer decisão financeira. Não eram aceitas em vários locais de trabalho. Não tinham acesso ao mesmo nível de ensino que os homens. Não tinham vários dos direitos e privilégios básicos que dizem respeito a todas as pessoas.

Mas, em nosso país, a situação mudou. Da mesma forma que os meninos, as meninas podem votar a partir de seus 16 anos. Podem ter qualquer bem móvel ou imóvel que os homens têm.

Podem tomar suas próprias decisões financeiras. Estão inseridas em todas as áreas do mercado de trabalho (embora seja verdade que, para cada real que os homens recebem como salário, as mulheres recebem apenas 78 centavos). Têm acesso ao mesmo nível de ensino. Aliás, há mais mulheres cursando o ensino superior que homens. Em termos gerais, homens e mulheres estão bem mais próximos do que nunca da igualdade.

Diante disso tudo, será que ainda é mais difícil ser menina? A maioria das meninas pensa que sim. Muitos meninos concordam. As meninas lidam com um bocado de pressão para ter determinada aparência. A imagem corporal é um elemento central para os padrões de feminilidade. Uma menina que não alcança todos os ideais de beleza pode se sentir inferior e desvalorizada. Em contrapartida, as exigências em relação à aparência dos meninos parecem ser mais flexíveis. Eles sofrem, contudo, pressão intensa para serem fortes e terem um bom porte físico.

Algumas gerações atrás, os homens tinham o corpo naturalmente mais musculoso, pois muitos trabalhavam em fazendas ou outras ocupações que exigiam força física. Hoje em dia, a fim de terem o visual certo, precisam bater ponto na academia. Enquanto os garotos tentam ficar mais "bombados", as meninas tentam ficar mais esguias. A pressão sobre ambos os sexos é intensa.

Outra dificuldade que os garotos enfrentam é o fato de, por algum motivo, não ser problemático meninas terem algumas características masculinas, mas é inaceitável meninos possuírem algumas características femininas. Uma menina forte e assertiva, por exemplo, não sofre gozações como um menino com talento artístico e pouca aptidão esportiva. É o mesmo sistema

Os meninos gostam de meninas bonitas e bem educadas.

Emily, 9

de dois pesos e duas medidas ao qual nos referimos quando comentamos sobre a camiseta que dizia "OS MENINOS SÃO BABACAS".

Talvez a coisa mais difícil para os garotos no mundo de hoje seja a escola. O problema não é a parte acadêmica, mas, sim, o ambiente escolar. Os meninos são programados para serem competitivos e fisicamente ativos, correr riscos e se esforçar para superar novos limites. A escola se tornou um lugar onde se espera que os alunos permaneçam sentados e quietos e cooperem em vez de competir. A maioria das aulas é expositiva, ou seja, o professor explica a matéria como se estivesse dando uma palestra, outra coisa que pode ser difícil para os garotos. Em geral, para eles é mais fácil aprender alguma coisa fazendo, não ouvindo.

Pense um pouco. Quem leva bronca dos professores com mais frequência? Os meninos. Os professores estão sempre mandando que os meninos se sentem, fiquem quietos, prestem atenção, parem de se mexer, parem de cutucar os outros, parem de fazer isso ou aquilo. Nas tirinhas de *Calvin & Haroldo*, o pior pesadelo de Calvin é a escola, onde ele nunca pode ser ele mesmo. Ele passa a maior parte do dia sonhando acordado com dinossauros, naves espaciais, dragões e monstros sanguinários. E, quando se dá conta, está na sala do diretor *de novo*, se perguntando o que aconteceu.

Meninas, meu desafio para vocês é que parem de olhar para os meninos como uma subespécie esquisita que precisa ser consertada. Parem de olhar para eles e desejar que sejam mais parecidos com vocês. Parem de olhar para eles e dizer para si mesmas: "Eca! Que bom que eu não sou assim!". Parem de imaginar que ser menino é fácil e ser menina é difícil.

Lembrem-se: quando Deus criou o homem e a mulher, ele viu que "tudo havia ficado muito bom". Ele incluiu nessa observação todas as pessoas, de forma igual.

Não há dúvida que meninos e meninas são diferentes. Mas "diferente" não quer dizer "melhor". Quem sabe se pararmos de brigar com o outro sexo, conseguiremos, finalmente, ter mais estima pelos garotos e começaremos a vê-los como Deus os vê, ou seja, como criaturas amadas, valorizadas e extraordinárias.

Creio que muitas jovens têm uma imagem extremamente incorreta daquilo que é normal elas pensarem ou sentirem. Foram treinadas para aceitar que, a fim de estarem em pé de igualdade com os homens, precisam ser como eles em todos os sentidos e, com isso, tanto elas quanto os homens saem perdendo.

Wendy Shalit, *A Return to Modesty* [Uma volta ao recato]

Meninas, é de seu interesse deixar que os garotos sejam homens para que possam refletir a imagem de Deus como ele planejou.

Carrie Abbot, Legacy Institute

Para ler

Gálatas 3.26-29

Para pensar

1. Qual é a maior dificuldade de ser uma garota adolescente? Qual você acha que é a maior dificuldade de ser um garoto adolescente (quem sabe você possa pedir a opinião de alguns garotos)?

Os meninos pensam que são os mais espertos e os melhores.
Madeleine, 8

2. Em que áreas as meninas se saem melhor que os meninos? Em que áreas os meninos se saem melhor?
3. Você acha que há muita competição e comparação entre meninos e meninas? Se responder que sim, cite exemplos.
4. Em sua escola, meninos e meninas são tratados de forma diferente? Em que sentido?

AS MENINAS SE CONSIDERAM MELHORES EM...

falar
ir às compras
coordenar/combinar roupas
escrever
ajudar os outros
jogar vôlei
preocupar-se com os outros
moda
estudar na escola
dançar
cantar
ler
tomar banho
cuidar de crianças
expressar sentimentos
desabafar
comunicar-se
expressar emoções sinceras
combinar acessórios
ser sensíveis
ouvir
pensar nas coisas com calma
realizar atividades artísticas
analisar emoções
entender
lidar com a parte verbal
cozinhar
dar conselhos

puxar conversa
ter boas maneiras
executar projetos
trabalhar dentro de um prazo
entender como os outros se sentem
animar as pessoas
discutir
adaptar-se a situações diferentes
ser elegantes
preocupar-se com o que acontece ao seu redor
ser mais espertas
agir de acordo com sua idade
fofocar
convencer os outros
ter bom senso
dirigir
usar o banheiro sem fazer bagunça
praticar ginástica
praticar natação
controlar-se
ter um período de atenção mais longo
perder
lidar com a área acadêmica
ter compaixão

3 Meninos são assim mesmo

No verão passado, fui ao casamento de um rapaz e uma moça que conheço há quase oito anos. Os noivos, que tinham acabado de se formar na faculdade, namoravam desde o ensino médio. Como o casamento foi na cidade natal deles, tinha um monte de amigos chegados, um monte de parentes e um monte de crianças.

Lá pela metade da festa, observei que várias das meninas tinham se reunido em pequenos grupos. Davam risadinhas, iam juntas pegar mais refrigerantes e dançavam em volta do salão, simplesmente curtindo a companhia umas das outras.

Os garotinhos, em contrapartida, haviam esgotado todas as suas boas maneiras. Tinham passado a cerimônia inteira sentados, esperado na longa fila para cumprimentar os noivos e, com toda a paciência do mundo, separado os legumes do restante da comida no jantar. Tudo isso vestindo roupas desconfortáveis. Já era hora de darem um tempo.

Quando vi alguns pais reunirem os meninos e se encaminharem para a saída, fiquei curiosa e resolvi segui-los. Encontrei-os do lado de fora, no gramado amplo em volta do salão de festas. Alguns dos garotos estavam descalços. Todos haviam

As meninas brincam com Barbies e os meninos brincam com coisas de meninos.

Bryssa, 4

tirado a camisa de dentro da calça. Alguns haviam tirado as camisas sociais, revelando camisetas estampadas com super-heróis. Todos pareciam aliviados de estar lá fora, sem ter de ouvir "silêncio", "sossegue", "mastigue com a boca fechada", "não arrote na frente dos outros", "pare de mostrar a língua para o seu irmão", "pare de brincar com a comida" e "pela madrugada, pare de limpar o nariz na manga da camisa".

Sabe o que aqueles garotos estavam fazendo ao ar livre, longe das restrições e do tédio da festa de casamento?

Estavam brincando de luta.

Em grupos de dois ou três. Estavam socando uns aos outros. Eram meninos de 4 a 5 anos de idade, portanto não estavam trocando socos violentos, mas ainda assim, eram de verdade. E todos estavam se divertindo pra valer.

Confesso que nunca entendi essa história de os meninos baterem uns nos outros. É divertido? É gostoso? Não sei. Só sei que, se tiverem opção, os meninos preferem trocar safanões até caírem a participar de um casamento.

Naquele dia, não vi nenhum adolescente do lado de fora brincando de lutar. Ficaram no salão de festas, jantaram, se perguntaram se estavam perdendo algum programa legal na televisão, conversaram sobre carros e bateram com a colher no lado dos copos feito loucos, esperando que os noivos se beijassem na frente de todo mundo. Se, porém, alguém tivesse lhes dado a opção de sair e brincar de luta no gramado em vez de ficar no salão e se comportar de modo apropriado, imagino que pelo menos alguns teriam aproveitado mais do que depressa a chance de fugir dali.

Nos últimos vinte anos, tenho observado adolescentes em escolas, em atividades extracurriculares, em casa, no trabalho, na igreja e em momentos de lazer. Nesse tempo, percebi que costumam aparecer algumas diferenças gerais entre meninos e meninas. Nem todas as garotas se encaixam perfeitamente no perfil "feminino" e nem todos os garotos se encaixam perfeitamente no perfil "masculino". Em nove dentre dez casos, porém, meninos e meninas apresentam pelo menos algumas das características que costumam ser associadas ao seu sexo.

A seguir, minha lista das quinze maiores diferenças (tentei parar em dez, mas não teve jeito) entre meninos e meninas. Antes de lê-la, faça a sua própria lista no espaço abaixo. Depois, compare-a com a minha.

As dez (ou quinze) maiores diferenças entre meninos e meninas:

1. ______
2. ______
3. ______
4. ______
5. ______
6. ______
7. ______
8. ______
9. ______
10. ______
11. ______
12. ______
13. ______
14. ______
15. ______

As meninas gostam de brincar com gatos.
Lauren, 3

As dez (ou quinze) maiores diferenças entre meninos e meninas:

(Aviso: O texto a seguir contém generalizações, ou seja, coisas que se aplicam à maioria das pessoas, na maioria das vezes.)

1. Meninas se concentram em pessoas, meninos se concentram em coisas.

Meninas dedicam um bocado de tempo e energia aos seus relacionamentos. Conversam ao telefone e no MSN. Mandam *e-mails*. Trocam mensagens de texto no celular. Escrevem bilhetes. Para elas, é importante desenvolver e proteger as amizades. Em muitos sentidos, sua identidade é entrelaçada com as suas amizades. As revistas que elas leem trazem milhares de artigos sobre como ser uma boa amiga, como saber se sua amiga é confiável e como conversar com garotos. A maioria das revistas para meninas é sobre relacionamentos e moda.

Meninos dedicam um bocado de tempo e energia às suas coisas, sejam elas carros, equipamentos eletrônicos, motos ou guitarras. Para eles, é importante que essas coisas funcionem. Eles passam horas a fio, numa boa, mexendo nos fios do amplificador da guitarra ou no motor da moto. As revistas que eles leem trazem milhares de artigos sobre como terminar certo *video game*, como mexer no escapamento do carro e como reprogramar computadores. A maioria das revistas para meninos é sobre coisas e atividades.

2. Meninas não ficam quietas, meninos não sossegam.

O coral do primeiro ano do ensino médio na escola da minha cidade tem 75 alunos. Cerca de dois terços são meninas. Durante o ensaio, todas as vezes que o professor para no meio de uma canção para dar instruções à turma, acontece a mesma coisa: as meninas começam a cochichar e rir, e os meninos começam a se mexer e cutucar uns aos outros. Vi isso acontecer centenas de vezes exatamente da mesma forma. Assim que há uma pausa na aula, as meninas conversam, e os meninos se movimentam. Vi um sujeito se levantar, dar um tapa na cabeça de alguém três fileiras atrás dele e voltar para o lugar em questão de segundos. E, também em questão de segundos, ouvi uma menina dar um resumo geral do que aconteceu com todas as suas amigas no final de semana, do que se passou naquela manhã e da roupa que ela estava planejando vestir no dia seguinte. Sempre que têm a oportunidade, as meninas falam, e os meninos cutucam ou batem em alguém de brincadeira.

3. Meninas cooperam, meninos competem.

Para as meninas, é importante que todos estejam bem. Portanto, quando surgem desentendimentos ou conflitos, elas tentam resolver a situação. Talvez elas cedam em alguma coisa. Talvez mudem as regras para agradar todo mundo. De qualquer modo, se esforçam ao máximo para que todos continuem amigos. O prestígio da menina é ligado aos seus relacionamentos e, por isso, ela faz o que pode para protegê-los.

Para os meninos, o importante é vencer. Quando surgem desentendimentos ou conflitos, eles não alteram as regras nem mudam de estratégia para agradar alguém. Simplesmente se esforçam ainda mais. Para eles, é fundamental respeitar as regras do jogo. O prestígio do menino é ligado às suas realizações e aptidões e, por isso, ele faz o que pode para ser o primeiro.

Os meninos gostam de caçar.

TANNER, 7

4. Meninas são cautelosas e controladas, meninos são impulsivos e se arriscam.

Em geral, as meninas vivem de acordo com as regras convencionais. Antes de fazer alguma coisa, param e pensam nas consequências de seus atos. Recebem menos multas que os meninos, são atendidas com menos frequência nos prontos-socorros, e é menos comum terem problemas com a polícia. Costumam ser mais cuidadosas e mais conscientes dos riscos inerentes a situações perigosas, e não é raro ouvi-las dizer: "Não vale a pena arriscar".

Meninos gostam de se arriscar. São rápidos na hora de tomar decisões, testam os limites e ampliam os horizontes. Curtem alta velocidade e, em geral, estão dispostos a experimentar coisas novas. Costumam fazer um balanço dos benefícios e riscos depois, e não antes. Metem-se em encrenca com mais frequência na escola, em casa e na comunidade por causa de comportamentos perigosos, imprudentes e, por vezes, ilegais.

5. Meninas esfaqueiam pelas costas, meninos acertam em cheio na cara.

Meninas têm interesse em conversas. Têm interesse em pessoas. Têm interesse em conversas sobre pessoas. A fofoca é, de fato, uma arte feminina. As meninas são especialistas em detonar umas às outras usando palavras que podem parecer doces, mas que, na realidade, são amargas. "E aí, o que você achou da roupa da Christine?", na verdade significa "Ela ficou supergorda com aquela calça! E que blusinha mais horrorosa! Parece um espantalho!". Quando uma menina precisa acertar as contas com outra, normalmente o faz por meio de palavras. E não é raro dizê-las de forma indireta, pelas costas, e não com honestidade, cara a cara.

Quando um menino quer dar o troco, normalmente o faz cara a cara, com atos em vez de palavras. Os meninos costumam encarar os problemas, tratar deles e depois deixá-los de lado. Preferem acertar o nariz de alguém a falar mal do sujeito pelas costas.

6. Meninas puxam conversa, meninos fazem barulho.

Meninas gostam de conversar. Meninas gostam de pessoas. Meninas *amam* conversar com pessoas. Para elas, o telefone é um meio de se aproximarem. Podem passar horas conversando com amigas ao telefone sobre os assuntos mais variados: moda, quem está a fim de quem, o que a professora de literatura disse na aula, quais são os planos para o final de semana, sua roupa predileta, blá, blá, blá, blá. Sempre que surge uma oportunidade, as meninas conversam: no intervalo das aulas, *on-line*, durante a aula, enquanto fazem compras, enquanto fazem tarefa de casa.

Meninos gostam de fazer barulho. Torcem pelo time. Resmungam. Imitam motores. Berram. Uivam como lobos. São especialistas em usar sons para explicar alguma coisa, deixar uma história mais interessante e tornar uma atividade mais emocionante. Para eles, "E aí?" e "falou" são frases completas.

7. Meninas vão às compras, meninos compram coisas.

Resistência física para percorrer o *shopping* é, sem dúvida, um atributo feminino. Horas e horas, lojas e lojas, prateleiras e prateleiras, produtos e mais produtos. Ir às compras é algo que não cansa as mulheres. Pelo contrário, faz que elas se sintam

As meninas gostam muito de brincar no balanço do parquinho.
LAUREN, 5

cheias de energia. É divertido. É uma forma de se aproximarem das amigas.

Meninos não vão às compras. Eles simplesmente compram coisas. Se precisam de um par de *jeans*, vão à loja, encontram uma calça que achem legal e compram. O conceito de ir a quatorze lojas, experimentar cada calça para ver se serve perfeitamente e comparar modelos tira qualquer garoto do sério. É insuportável. Não é raro se perguntarem que graça as meninas veem nessas coisas.

8. Meninas criam um visual, meninos usam roupas.

Meninas são especialistas em moda. Têm acesso a inúmeras revistas e *sites* que falam de segredos e dicas para se vestir bem. Tem zilhões de opções de modelos a mais que os meninos. Sabem como misturar, combinar e rearranjar as roupas de milhares de formas diferentes. Claro que, às vezes, isso significa que precisam de várias horas para se aprontar antes de sair de casa.

Os garotos usam roupas principalmente porque é obrigatório. Uma vez que, em público, andar nu não é uma opção, todas as manhãs os meninos são obrigados a se cobrir com algumas peças de roupa. Às vezes as cores combinam, às vezes não. Às vezes estão limpas, às vezes não. Às vezes são do mesmo estilo, às vezes não. Apesar de a roupa não ser motivo de grande preocupação, o cabelo é outra história. Alguns usam uma embalagem inteira de gel para deixar as madeixas exatamente no lugar certo.

9. Meninas analisam tudo, meninos lidam com a situação.

Quando algo inesperado ou doloroso acontece com uma menina, ela quebra o problema em milhões de partes, examina cada uma em detalhes, olha por todos os ângulos, tenta entender o que aconteceu, junta todas as partes e repete o processo mais algumas vezes. "Será que eu fiz alguma coisa errada? Foi alguma coisa que eu disse? Ela está brava comigo? Será que eu errei? Por que ele me odeia? Por que ela disse aquilo pra mim? Devo mudar de colégio? Devo telefonar e pedir desculpas? Devo fazer de conta que nada aconteceu? Como vou encarar todo mundo na escola amanhã?" E por aí vai...

Quando algo inesperado ou doloroso acontece com um menino, ele vai para um canto particular e silencioso do seu cérebro, observa a situação, decide qual é a reação ou solução apropriada, lida com o que aconteceu e prossegue com a vida. Como eles conseguem?!

10. Meninas usam intuição, meninos usam informação.

Muitas vezes, as meninas se baseiam na própria intuição para tomar decisões ou avaliar situações. Sentem que algo não está certo. Alguém lhes causa uma péssima impressão. Têm a sensação de que algo não está certo. Percebem quem gosta de quem só de observar como agem. É impressionante, mas a intuição das meninas é algo extremamente real. E, na maioria das vezes, é bastante acertada.

A maioria dos meninos se baseia em informações. Se um garoto vê alguém chorando, sabe que aquela pessoa está chateada. Se, contudo, a pessoa chateada tenta esconder os sentimentos ou não diz com toda a honestidade qual é o problema, o menino imagina que não há nada de errado. Em geral, os meninos não entendem as nuances sutis do comportamento de outra pessoa.

As meninas gostam de bonecas.
Sage, 6

11. Meninas buscam intimidade, meninos buscam independência.

Para a menina, sua melhor amiga é a pessoa mais importante do mundo. As duas conversam sobre tudo. Compartilham todos os pensamentos, emoções e detalhes da vida. Elas se esforçam para conhecer melhor uma à outra com o passar do tempo. A intimidade é uma medida do seu valor e, sempre que possível, elas procuram aprofundar a amizade.

O grupo de amigos do menino é importante para ele. Outra coisa igualmente importante, porém, é sua independência. Os meninos costumam se tornar independentes dos pais mais cedo do que as meninas. Querem tomar suas próprias decisões, cuidar da própria vida e mandar no próprio nariz o mais rápido possível. Embora os amigos sejam importantes, o desenvolvimento pessoal como um indivíduo independente é tão ou mais fundamental que as amizades.

12. Meninas curtem filmes românticos, meninos curtem filmes de ação.

Meninas estão interessadas em relacionamentos. Nada mais natural, portanto, do que gostarem de filmes que contam uma história sobre a ligação entre pessoas. Curtem, especialmente, histórias sobre pessoas que se apaixonam, pois podem se colocar no lugar delas e sentir as emoções dos atores. Aliás, sabe-se de meninas que assistem a uma cena romântica, voltam o filme, assistem à cena de novo, voltam o filme, assistem à cena de novo... Meninas conseguem entrar na história que está se desenrolando na tela e transformá-la em sua própria história.

Meninos, em contrapartida, curtem filmes de ação, suspense, terror e do tipo “besteirol”. Histórias paradas não prendem a atenção deles, e não é raro pegarem no sono no meio de um filme romântico. Numa das cenas do filme *Como perder um homem em 10 dias*, Andie (Kate Hudson) e Ben (Matthew McConaughey) estão assistindo ao *Sintonia de amor* no cinema. É a primeira vez que saem juntos para ver um filme, e, para impressionar Andie, Ben finge que adora filmes românticos quando, na verdade, preferia estar em casa assistindo a uma partida de beisebol ou jogando pôquer com os amigos. Mas ele não diz isso para Andie... pelo menos não nessa parte da história.

13. Meninas choram, meninos escondem as emoções.

Algumas meninas parecem torneiras com vazamento. Têm um reservatório inesgotável de lágrimas. Eu choro quando vejo uma propaganda bonita na televisão, choro nas cerimônias de abertura dos Jogos Olímpicos, nos *shows* de fogos no ano-novo e em várias outras ocasiões. Minha prima chora toda vez que vai ao aeroporto. "Não tem jeito", ela me contou. "Eu vejo as pessoas se despedindo antes de embarcar e fico triste por elas!" As lágrimas podem aparecer quando a menina está triste, quando está feliz, quando está se sentindo sozinha, com raiva, frustrada, cansada, quando ela assiste a um filme triste, lê um livro triste e quando seu *hamster* de estimação morre.

Os meninos também choram. Em geral, porém, não o fazem em público. E, normalmente, o choro deles não é acompanhado de outras expressões intensas de emoção. É uma coisa particular, que acontece quando o garoto está sozinho ou, no máximo, com um amigo chegado. E, em geral, é uma reação que vai se formando dentro deles ao longo do tempo e tem a ver com uma situação ou acontecimento bem específico. Para eles, é difícil acreditar que meninas conseguem chorar por causa de algo que veem na tela da televisão. Nessas ocasiões, sabe-se de garotos que dizem coisas do tipo: "Não acredito que você está chorando *outra vez*!" ou "Você está chorando porque o cachorro do menino morreu? Não é de verdade! É só um filme!".

14. Meninas vão ao banheiro em grupo, meninos vão sozinhos.

Este é um item que não precisa de grandes explicações. A verdade nua e crua é que as meninas andam em bando quando vão ao banheiro. Os meninos não entendem isso. Para eles, é um dos maiores mistérios do Universo. Na verdade, muitas meninas também não entendem. Para as garotas, o banheiro é um lugar onde se reunir. É um lugar para conversar sobre o que aconteceu ao longo do dia, jogar conversa fora, criar mais laços de amizade, resolver problemas, chorar com gosto, e mais uma porção de coisas. Se uma menina fosse sozinha ao banheiro, teria desperdiçado cinco minutos de vida que poderia ter passado com uma amiga. Que perda de tempo!

Meninos vão sozinhos ao banheiro. Não querem "compartilhar seus sentimentos", "elaborar suas emoções" ou "conversar sobre o que aconteceu naquele dia". Querem apenas ir ao banheiro e prosseguir com a vida. Para eles, o banheiro é um ambiente utilitário. Não possui qualquer valor social. É um lugar necessário que deve ser usado única e exclusivamente para uma coisa. Sabe-se, porém, que às vezes os meninos se reúnem em vestiários, mas isso é um assunto para outra conversa.

15. Meninas se arrumam para ir à escola, meninos se vestem.

Se uma menina precisa sair de casa às oito horas para ir à escola, é provável que ela se levante às sete. Algumas meninas talvez se levantem às seis. Com isso, elas têm tempo de tomar banho, arrumar o cabelo, fazer a maquiagem, experimentar várias roupas, escolher os acessórios, escovar os dentes e, quem sabe, engolir o café da manhã às pressas.

Se um menino precisa sair de casa às oito horas para ir à escola, é provável que se levante uns quinze minutos antes. Alguns talvez se levantem uns vinte minutos antes. Com isso, eles têm tempo de tomar banho, dar uma geral no cabelo, vestir umas roupas, escovar os dentes e tomar um bom café da manhã.

Não me pergunte *como* funciona, mas funciona.

BÔNUS (TENTEI PARAR NO ITEM QUINZE... DE VERDADE.)

Para as meninas, os sapatos são uma expressão do seu estilo, para os meninos, são uma proteção para os pés.

Quando viajo com alunos do ensino médio, as meninas quase sempre levam sapatos suficientes para usar um par diferente a cada dia. Podem escolher entre sandálias esportivas, sandálias sociais, sapatilhas, botas, rasteirinhas, Crocs®, All Stars®, sapatos fechados e, quem sabe, algo confortável para caminhar.

Os meninos levam um ou dois pares de tênis.

É isso aí. As quinze maiores diferenças entre meninos e meninas (mais uma de bônus). As diferenças são extremamente

As meninas gostam de pular corda.
TANNER, 7

reais. Todos nós já as vimos com nossos próprios olhos. A pergunta que precisamos fazer agora é: para começo de conversa, por que essas diferenças existem?

Para ler

Gênesis 4.1-9

Para pensar

1. Quais generalizações sobre as meninas têm tudo a ver com você? Quais não têm nada a ver?
2. Meninos e meninas sentem pressão para se encaixar em certos moldes? Em outras palavras, espera-se que meninas e meninos ajam de determinadas formas?
3. Para você, quais diferenças mencionadas acima são mais complicadas de entender e lidar?
4. Se a história que você acabou de ler sobre Caim e Abel fosse sobre duas irmãs, de que maneira teria sido diferente?

AS MENINAS ACHAM QUE OS MENINOS SE SAEM MELHOR EM...

arrotar

lutar

futebol

beisebol

ser meninos

entenderem-se entre si

não ligar para aquilo que não é importante

video games

matemática

ciências

consertar coisas

produtos eletrônicos

perdoar

não perder a calma

carros

coisas mecânicas

lidar com carros

dar uma de durões

não deixar que as coisas os incomodem

corridas

não guardar rancor

esconder as emoções

levar a vida numa boa

trabalhar com afinco

manter a forma física

relaxar

tocar guitarra

escalar montanhas
levantar pesos
atirar com armas
guardar segredos
superar mágoas
controlar as emoções
não se preocupar com a aparência
comer coisas nojentas
falar em público
fazer papel de bobo
não julgar os outros
carregar coisas pesadas
ser insensíveis
usar o banheiro em pé
ser exibidos
não prestar atenção
sentar-se no sofá
contar vantagem
construir coisas
tomar decisões com rapidez
comer
brincar com fogo
correr
arremessar

4 É coisa da sua cabeça

(Aviso: Informamos que este capítulo contém dados que se aplicam a 9 dentre 10 pessoas. Talvez você seja essa pessoa à qual os dados não se aplicam. Mesmo assim, continue a ler. Informamos também que não existem riscos associados à leitura destas informações...)

QUIZ!

O que você sabe sobre o cérebro humano? Teste seu conhecimento:

1. O cérebro é dividido em quantas metades? (Dica: *metades*...)
   a) uma
   b) duas
   c) três
   d) 7,2

2. As metades do cérebro se chamam:
   a) países
   b) departamentos
   c) continentes
   d) hemisférios

Os meninos gostam de sair e caçar.
LAUREN, 5

3. A camada externa do cérebro, aquela parte nojenta que se parece com uma tigela de pedaços gigantes de espaguete cinza, é chamada de:

a) camada externa nojenta do cérebro
b) telencéfalo
c) espaguestonorium
d) frankensteinopticrusis

4. A ponte que liga as duas metades do cérebro (olha aí a dica para a pergunta 1!) se chama:

a) Ponte da Amizade
b) corpo caloso
c) corpo unhoso
d) Ponte Rio-Niterói

5. Ao andar de bicicleta, a melhor forma de evitar lesões cerebrais é:

a) usar um lenço na cabeça
b) usar boné
c) usar capacete
d) fazer tranças no cabelo

6. O QI, que indica o potencial educacional da pessoa, é a sigla para:

a) Quadrinhos Interessantes
b) Queijo Invisível
c) Química Interestelar
d) Quociente de Inteligência

7. Qual destas palavras rima com "neurônio"?

a) afônico

b) esmalte de unhas
c) neurótica
d) plutônio

8. Em que parte do corpo humano o cérebro fica localizado?
a) no cotovelo
b) no dedão do pé
c) na cabeça
d) na orelha direita

9. Quando alguém faz uma bobagem monumental, dizemos que essa pessoa tem:
a) cérebro poderoso
b) memória de elefante
c) cérebro de minhoca
d) inteligência acima da média

Respostas: 1 – b, 2 – d, 3 – b, 4 – b, 5 – c, 6 – d, 7 – d, 8 – c, 9 – c.

Para quem não sabe, os anos de 1990 a 1999 foram declarados a Década do Cérebro nos Estados Unidos. É sério. Foi oficializada pela declaração presidencial número 6158:

> Portanto, eu George Bush, presidente dos Estados Unidos da América, declaro a década iniciada em 1º de janeiro de 1990 a Década do Cérebro. Convoco todos os oficiais do governo e todo o povo dos Estados Unidos para observarem essa década com atividades, cerimônias e programas apropriados.

As meninas gostam de Barbies e os meninos gostam de coisas legais.
AUSTEN, 6

Não sei dizer o que outras pessoas fizeram, mas eu com certeza não "observei a década com atividades, cerimônias e programas apropriados". Não dei festas do cérebro na década de 1990. Não assisti a desfiles do cérebro, não participei de comemorações do cérebro nem fui a bailes do cérebro. Não assisti a filmes sobre o cérebro, não li revistas sobre o cérebro nem comprei pôsteres do cérebro. Para dizer a verdade, eu nem sabia que os anos 1990 eram a Década do Cérebro (e, sinceramente, mesmo que soubesse, provavelmente não teria colocado na parede do meu quarto um pôster de uma gosma cinzenta).

Como você deve ter notado, para mim a Década do Cérebro passou em branco. E é possível que você fosse apenas uma garotinha ou nem tivesse nascido nessa década.

Desde então, porém, aprendi um bocado sobre o cérebro humano. Aliás, fiz tudo que devia ter feito na Década do Cérebro. Assisti a filmes e li revistas e livros sobre o cérebro (e você nem imagina *quanta* coisa existe sobre o assunto). Estudei o cérebro (não um de verdade, é claro) e conversei a esse respeito com centenas de pessoas. Aprendi com tudo isso que, apesar de ter uma aparência supernojenta, o cérebro é uma das coisas mais fascinantes, extraordinárias e incríveis que Deus criou. Ao que parece, os cientistas concordam comigo, pois continuam a se empenhar para saber cada vez mais sobre o funcionamento desse órgão.

Uma das coisas que eles descobriram é que o cérebro masculino e o cérebro feminino são — adivinha só! — diferentes de várias maneiras. Se os cientistas tivessem simplesmente passado alguns dias em uma escola de ensino médio, provavelmente teriam chegado a essa conclusão há muito tempo, você não acha? De qualquer modo, a comunidade científica pode dizer agora, sem sombra de dúvida: olhem isso, meninos! Olhem isso, meninas! O cérebro de vocês é diferente e singular, não só para cada indivíduo, mas também para cada um dos sexos.

Aliás, se um cientista comparasse uma porção de cérebros de verdade (coisa que, felizmente, a maioria de nós não precisa fazer, pois acaba com o apetite de qualquer um), é bem provável que, 19 dentre 20 vezes, seria capaz de identificar quais são de homens e quais são de mulheres. Em outras palavras, quase todos os cérebros masculinos apresentam certas características singulares e quase todos os cérebros femininos apresentam certas características singulares.

Os cartunistas adoram tirar um barato das diferenças entre o cérebro masculino e o feminino. Abaixo, um diagrama "científico" do cérebro de um menino adolescente, na visão de um cartunista:

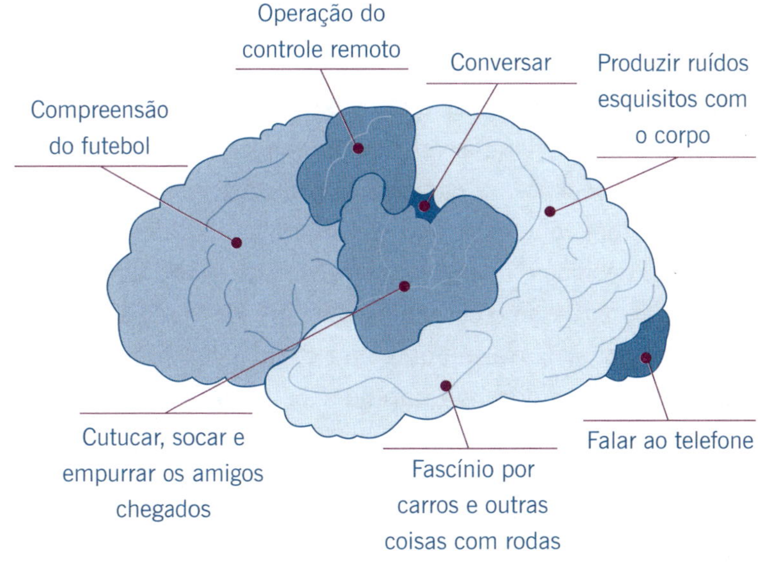

Os meninos gostam de cavar buracos.
JOSHUA, 10

E aqui, um diagrama do cérebro de uma menina adolescente, de acordo com o mesmo cartunista:

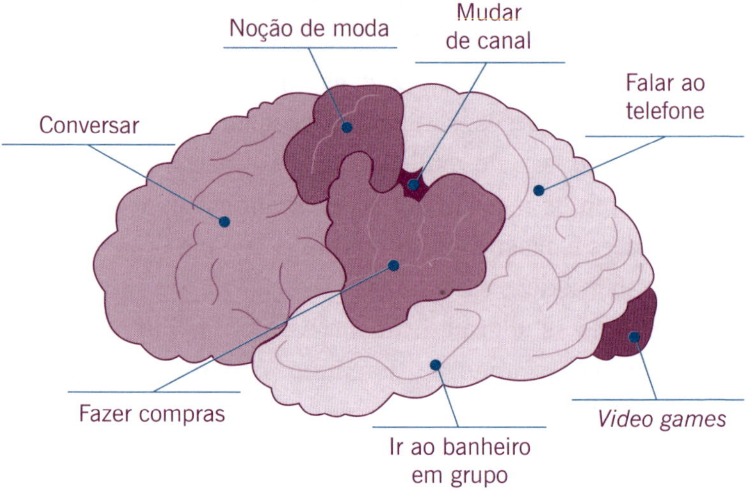

É claro que as verdadeiras diferenças entre os cérebros não têm nada a ver com o que aparece nesses diagramas. Uma boa parte daquilo que vamos ver nos próximos capítulos se baseia nas informações deste capítulo. De certa forma, o cérebro é como o sistema operacional de um computador. Ele afeta todas as ações, decisões, comportamentos e características da pessoa. Entender como o cérebro funciona pode ajudá-la a entender as pessoas. Portanto, entender como o cérebro masculino funciona, pode ajudá-la a entender os garotos. Ainda assim, continuarão a existir muitos mistérios sobre o que leva os meninos a dizerem o que dizem, fazerem o que fazem e agirem como agem, mas esses mistérios não serão mais tão, hum..., misteriosos.

Por isso, mesmo que você deteste ciências, biologia e anatomia, não pule o restante deste capítulo. Garanto que ele a ajudará a entender o que acontece no universo dos meninos.

Hemisférios e pontes — de um lado para o outro

O cérebro humano é dividido em duas metades chamadas hemisfério direito e hemisfério esquerdo. As duas metades são ligadas uma à outra por um feixe de nervos, o corpo caloso. Uma vez que este não é um livro de ciências, vamos chamar essas partes de lado direito, lado esquerdo e ponte.

Cada lado do cérebro tem uma especialidade. O lado direito é especializado na área espacial, ou seja, em coisas como acompanhar um objeto enquanto ele se move no ar, imaginar um objeto tridimensional a partir de um desenho bidimensional, ou calcular a velocidade com que algo precisa se mover para ir do ponto A ao B em determinado tempo. Esses são apenas alguns exemplos.

O lado esquerdo é especializado em linguagem, ou seja, tudo o que tem a ver com falar, organizar ideias, entender instruções verbais, ler e escrever, entre outras coisas.

Quando os bebês são concebidos, o cérebro deles é exatamente igual. Aliás, até a sexta semana, todos os fetos têm cérebro feminino. É isso mesmo, até os meninos. Na sexta semana, algo incrível acontece. Substâncias químicas e hormônios começam a se elevar no cérebro masculino e ocorre uma espécie de "lavagem cerebral". Desse ponto em diante, o cérebro dos meninos começa a se desenvolver de forma diferente do cérebro das meninas. Quando os bebês nascem, o cérebro deles já é distintamente masculino ou feminino em vários aspectos.

Primeiro, o lado direito do cérebro dos meninos é mais forte que o esquerdo. Nas meninas, o lado esquerdo é mais forte que o direito. Isso significa que os garotos se saem melhor em tarefas

Os meninos gostam de brincar na lama.
MATTHEW, 7

como interpretar um diagrama de Legos® e montar o que ele indica, e as garotas se saem melhor na leitura. Os meninos têm mais facilidade de estacionar o carro, e as meninas, de entender o que ouviram em uma palestra. Os meninos se saem melhor na hora de calcular com quanta força e velocidade devem jogar a bola de basquete para fazer a cesta. As meninas se saem melhor na hora de fazer uma prova com respostas dissertativas.

Além de os dois lados do cérebro serem diferentes em meninos e meninas, a ponte também não é igual. Nas meninas, ela é muito maior e mais forte. Isso significa que as meninas conseguem usar essa ponte para correr de um lado para o outro do cérebro a uma velocidade atordoante. Na verdade, elas não correm de um lado para o outro, mas, sim, colocam um pé (não literalmente, é claro) de cada lado e vivem do lado direito e do lado esquerdo do cérebro ao mesmo tempo.

Se você entender o que isso significa, terá dado um passo gigantesco rumo à compreensão de uma das maiores diferenças entre você e os meninos.

Basicamente, as meninas conseguem fazer várias coisas ao mesmo tempo, enquanto os meninos costumam realizar uma tarefa de cada vez. As meninas conseguem pintar as unhas dos pés, falar ao telefone, terminar a tarefa de casa, escrever uma mensagem de texto e planejar o que vão vestir no dia seguinte... tudo ao mesmo tempo! Quer dizer, talvez não tudo isso, mas a maioria das meninas não tem problema algum em fazer duas coisas ao mesmo tempo. Você consegue usar os dois lados do seu cérebro para fazer malabarismo com atividades e pensamentos diferentes.

Os meninos, em contrapartida, são biologicamente incapazes de fazer a mesma coisa. Você já observou o que acontece quando você tenta conversar com seu pai, seu irmão ou algum outro sujeito enquanto ele está assistindo à TV? Ou ele a ignora (pelo menos é o que parece) ou ele bufa e responde: "Não dá pra ver que eu estou assistindo à TV?". Na verdade, ele não está ignorando você. O cérebro dele está ocupado se concentrando em outra coisa. Quando você tenta conversar com ele, é quase como se pedisse para ele desligar uma parte do cérebro, levantar-se, fazer uma longa caminhada até o outro lado da ponte (que, como você deve se lembrar, não é tão ampla quanto a sua), chegar ao outro lado do cérebro, ligá-lo e prestar atenção em você. Você está pedindo para ele fazer o impossível. E, quando você insiste até conseguir a atenção dele, talvez receba uma resposta atravessada, pois você "bagunçou o cérebro dele", por assim dizer.

Seria melhor se você avisasse um pouco antes, dizendo: "Quando você terminar de assistir a esse programa, a gente pode conversar?" ou "Pai, eu preciso perguntar uma coisa a você no próximo intervalo". Isso vale não apenas para quando o sujeito está assistindo à televisão, mas também para quando ele está lendo, mexendo no carro, construindo algo ou fazendo qualquer outra coisa que exija concentração.

Em contrapartida, é importante entender que, quando seu pai, seu irmão ou outro garoto tenta falar com você, talvez ele imagine que você o está ignorando se não fizer uma pausa e prestar atenção nele. Claro que você consegue terminar de ler a revista e reorganizar o armário enquanto ele fala, mas uma vez que ele não consegue fazer tudo isso ao mesmo tempo, o garoto pode pensar que você não está dando a mínima para ele.

Eu acho que os meninos são sortudos porque podem sair pra pescar mais vezes que as meninas.

EMILY, 9

Bill Farrel escreveu um livro intitulado *Men Are Like Waffles, Women Are Like Spaghetti* [Homens são como *waffles*, mulheres são como espaguete]. Sabe como os *waffles* são divididos em quadradinhos? Farrel diz que o cérebro do homem encara a vida da mesma forma que um *waffle* cheio de quadradinhos. Para colocar mel, ele primeiro preenche todo um quadradinho, depois vai para o próximo, preenche outro quadradinho, vai para o próximo... faz tudo o que tem de ser feito a cada quadradinho e assim por diante.

As mulheres, por outro lado, encaram a vida como espaguete. Um prato de espaguete pode ter milhões de fios, mas não dá para identificar onde um começa e termina o outro. Eles se emaranham, intersectam e espalham para todos os lados ao mesmo tempo.

Todas essas observações sobre lado direito e lado esquerdo do cérebro, pontes amplas e pontes pequenas são válidas para a maioria das pessoas, mas sempre há exceções. Alguns garotos se saem superbem fazendo várias coisas ao mesmo tempo. Algumas mulheres são excelentes engenheiras mecânicas. Nem por isso são menos masculinos ou femininas. São apenas bons naquilo que fazem.

Camadas e seções — para cima e para baixo

Além de ter dois lados, o cérebro também tem várias camadas e seções. Não vou entrar em todos os detalhes científicos complicados nem tentar explicar tudo, mas apenas apresentar as diferenças fundamentais entre meninos e meninas e suas aptidões cerebrais nessa movimentação vertical entre camadas.

Primeiro, quando uma experiência cria algum tipo de emoção, o cérebro de cada sexo lida com ela de forma diferente. Digamos que a emoção entre no cérebro pela camada do meio. Na menina, ela se move uma camada para cima, para a parte do cérebro que pensa e analisa. Pense numa ocasião em que você ficou chateada ou triste. Como reagiu? Em geral, as meninas começam analisando a emoção. O que aconteceu? Por que eu estou me sentindo assim? O que eu fiz de errado? Por que minha mãe está tão brava comigo? Como vou encarar meus amigos amanhã?

Depois da análise, as meninas passam para a fase seguinte que os garotos chamam de "encanação". Você sabe do que estou falando. Algumas meninas ficam tão preocupadas em pensar sobre as coisas que quase piram. Não conseguem superar o que aconteceu. Não conseguem esquecer. Não conseguem deixar quieto e prosseguir com a vida. Primeiro, precisam quebrar o problema em partes microscópicas e analisar e reanalisar todas elas pelo menos duas vezes. Talvez conversem sobre cada partezinha com suas amigas. Talvez anotem suas observações em um diário. Talvez escrevam uma poesia sobre o assunto. Depois de juntarem todas as partes do problema, quebram-no em milhões de partes diferentes e começam tudo de novo. E assim por diante.

Quando um menino tem uma experiência emocional, ela costuma se mover da camada do meio para a camada inferior. Essa é uma parte bem básica do cérebro, chamada de centro de "reação de luta ou fuga". Em geral, os meninos reagem a experiências emocionais de uma dessas duas formas. Ou a encaram e lutam com ela, ou fogem dela.

Os meninos "lutam" com uma emoção de maneiras diferentes. Se estão bravos, talvez deem um soco na parede ou batam

Os meninos gostam de *cards* de YuGiOh!
ALYSSA, 7

uma porta. Talvez gritem com alguém. Talvez toquem bateria com toda a força ou saiam e reúnam os amigos para uma partida de futebol na qual nenhuma jogada é considerada falta.

Se não escolherem lutar, talvez fujam. Pelo menos é a impressão que dão para outras pessoas. Não é raro os meninos serem acusados de evitar, ignorar ou reprimir as emoções. Na verdade, é mais provável que estejam apenas colocando a emoção de lado por um tempo enquanto pensam a respeito do assunto e tentam descobrir o que fazer. Para eles, emoções são problemas a serem resolvidos. Se um menino sente raiva, quer consertá-la. Se sente tristeza, quer consertá-la. Ele não gosta simplesmente de analisá-la e trabalhá-la como as meninas fazem. E, com certeza, não quer arrastá-la por mais tempo do que o necessário. Quer resolver o problema e colocar um ponto final na situação.

Os meninos "fogem" de maneiras diferentes. Talvez se tranquem no quarto e passem algum tempo sozinhos pensando na vida. Conheço um sujeito que escreve canções quando está chateado ou triste. Essa é a "solução" dele para o "problema". Alguns garotos agem como se estivesse tudo bem até conseguirem pensar no assunto. Alguns garotos talvez liguem para um amigo e conversem sobre o problema, mas é muito raro isso acontecer. Os meninos são mais independentes que as meninas e preferem resolver as coisas sozinhos, e não com um grupo de pessoas.

Mais adiante, voltaremos a falar sobre meninos e emoções. Por enquanto, basta você saber que o cérebro do menino e o cérebro da menina lidam com as emoções de forma diferente. Mas é bem provável que você já tivesse chegado a essa conclusão, não é?

Existem outras diferenças entre o cérebro do menino e da menina que talvez você tenha observado. Quando informações de fora entram no cérebro, é preciso certa dose de "estímulo cerebral" para prender a atenção da pessoa. O cérebro do menino exige mais "estímulo cerebral" para não ficar entediado. Em outras palavras, numa sala de aula do ensino fundamental, se o professor mandasse as crianças ficarem sentadas e colorir um desenho, é provável que os meninos se entediassem com essa atividade mais rapidamente. Colorir um desenho talvez não seja estimulante o suficiente para manter o menino interessado por mais que uns poucos minutos. Uma menina, porém, seria capaz de passar mais tempo concentrada na mesma atividade. Um garotinho precisa de um bocado de empolgação e energia para continuar interessado em algo. Até certo ponto, isso vale para meninos e homens de todas as idades. Talvez não seja novidade para você que mais meninos detestam a escola. Não é porque eles não estão a fim de aprender. É por que a escola muitas vezes é biologicamente tediosa para o cérebro deles.

Além das diferenças cerebrais, também existem diferenças hormonais entre meninos e meninas que exercem um forte impacto sobre o comportamento e o desenvolvimento do corpo. O hormônio sobre o qual vamos conversar em mais detalhes é a testosterona. Algumas pessoas o chamam de "hormônio masculino". Tanto meninos quanto meninas têm testosterona, mas os meninos têm de dez a vinte vezes mais que as meninas. E, durante a puberdade, o cérebro e o corpo do menino sofrem uma inundação de testosterona. É por isso que a voz dele se torna mais grave, pelos começam a crescer no corpo, os músculos começam a se desenvolver e aparece o desejo sexual. Acredita-se, também, que a testosterona torne os meninos mais fisicamente ativos, competitivos e dispostos a se arriscar.

As meninas usam joias bonitas e os meninos não.
BRYSSA, 4

Cérebro e testosterona. Eles não causam todas as diferenças entre nós e os meninos, mas com certeza são responsáveis por muitas delas. Nos próximos capítulos, trataremos das cinco coisas que as meninas têm mais dificuldade de entender nos meninos. Quem sabe conseguiremos compreender essas diferenças um pouco melhor.

Para ler

Salmos 139.13-16

Para pensar

1. De que maneiras você se encaixa no perfil típico do cérebro feminino: faz várias coisas ao mesmo tempo, tem forte aptidão verbal, usa análise emocional? De que maneiras você não se encaixa no perfil típico do cérebro feminino?
2. Pense em alguns homens e garotos que você conhece. Como eles se encaixam (ou não) no perfil típico do cérebro masculino?
3. Em sua opinião, por que Deus projetou o cérebro masculino e o cérebro feminino para serem tão diferentes?
4. Que diferença faz no seu dia a dia entender que o cérebro de meninas e meninas não funciona da mesma forma?

MENINOS FALAM DAS MENINAS

Elas não pensam de forma lógica.

Falam sem parar.

Fofocas.

Emoções.

Estão sempre dizendo "noooossa!" e "que coisa mais liiiiiinda!".

Demoram séculos pra se aprontar, mesmo que seja só pra ir à lanchonete da esquina.

Panelinhas.

Penteiam o cabelo a cada cinco segundos.

Dizem "não tenho nada pra vestir".

Ficam bravas com você à toa.

Vivem cochichando umas com as outras.

Pensam que precisam de maquiagem para ficar bonitas.

Conseguem fazer outros se sentirem profundamente ofendidos.

5 Ousados, sarados e brigões — garotos e valentia

Ousado: que não tem ou não demonstra medo.

Sarado: que tem o físico moldado por ginástica, musculação, esportes.

Brigão: que tem a tendência de se envolver em brigas com certa impulsividade e frequência.

Garotas curtem cicatrizes.

JOHN, 17

Gostaria que as meninas entendessem que meninos *precisam* jogar *paintball*. Eu não posso viver sem jogar.

JOEY, 13

Por que os meninos tentam parecer valentões quando, na verdade, não são?

SHANNON, 16

As meninas gostam de andar de bicicleta na rua usando capacete.

LAUREN, 3

Todo verão, Mark e eu levamos adolescentes da nossa cidade para um acampamento na Carolina do Norte. Lá, eles se encontram com centenas de jovens de todos os Estados Unidos para uma semana incrível de diversão, boas risadas, aventura e a possibilidade de "conhecer pessoas interessantes de outros lugares", o que, na verdade, quer dizer "ver se encontro, no meio desse monte de gente, alguém atraente que eu queira conhecer melhor".

Tem meninos que sempre acham que estão causando.

HANNAH, 8

No último acampamento, eu estava na lanchonete uma tarde quando três garotos da nossa turma, Kurt, Shane e Justin, todos do último ano do ensino médio, entraram rindo e empurrando uns aos outros. "O que vocês fizeram de bom hoje?", perguntei quando vieram sentar-se perto de mim. Os três levantaram a camiseta ao mesmo tempo e me mostraram a barriga e o peito cobertos de manchas vermelhas e redondas, parecidas com hematomas. O modo "mãe preocupada" entrou em ação, e, mais que depressa, eu quis saber o que tinha acontecido e se precisavam ir à enfermaria.

Os três abriram sorrisos de uma orelha à outra e responderam:

— Estávamos jogando *pingue-pongue turbinado*!

— Como assim?

— É superlegal! — um deles respondeu. — A gente joga pingue-pongue normal até alguém fazer cinco pontos. Quem perde tem que levantar a camisa. Aí o outro jogador pode acertar ele com a bola de pingue-pongue com toda a força que puder. E é isso — ele apontou para uma das manchas de aparência mais ameaçadora — que acontece.

Todos balançaram a cabeça, riram e me mostraram as suas "cicatrizes de guerra".

— E vocês jogam numa boa? — perguntei.

— Cara, é muito demais!! — Kurt respondeu. — Tipo assim, dói pra caramba, especialmente quando o Alex ganha — ele acrescentou, referindo-se a um dos meninos mais altos, fortes e durões do nosso grupo — mas a gente fica parado e aguenta a dor feito homem numa boa.

Não tenho certeza, mas acho que Kurt estufou o peito, com uma pontinha de orgulho masculino.

— É... demais? — repeti, incrédula.

— Com certeza! — os três responderam.

— Deixe-me ver se entendi bem. Vocês jogam até alguém marcar cinco pontos. Quem perde levanta a camisa e quem ganha taca a bolinha de pingue-pongue no perdedor. Dói horrores, deixa uma marca para lá de feia, e aí começa tudo de novo. É isso mesmo?

— É isso aí! — eles responderam.

— E qual é a graça? — insisti.

— Como eu disse — Kurt respondeu — é mostrar que você aguenta a dor. Além do mais, quando a gente mostra as marcas para as meninas, elas acham superlegal!

A parte mais difícil de ser um garoto adolescente é pensar que você precisa manter uma imagem de valentão. Não é fácil abrir mão do seu ego e confiar em Deus.

Rob, 18

Até parece, pensei com os meus botões. Nada como um cara com a barriga cheia de manchas vermelhas para chamar a atenção de uma menina.

Desde pequenos, os meninos são ligados em competição, em dar uma de durões, em ser os primeiros, em desafiar quem cruzar o caminho deles. Pense nas fantasias que os garotinhos usam: capa, máscara, espada e cueca por cima das calças de moletom para imitar o visual dos super-heróis. E, é claro, armas. Para eles, tudo vira arma; um graveto, a Barbie da irmã... Até um pedaço de pão pode ser transformado num revólver se você mordê-lo do jeito certo.

De onde vem esse comportamento? Os meninos são ensinados a ser valentões e durões, a ser musculosos e machões, a "causar" e competir? Ou será que têm um "programa interno" que faz essas coisas aparecerem naturalmente?

A parte mais difícil de ser um garoto adolescente é preencher as expectativas de ser forte e durão.

JOE, 19

O escritor John Eldredge diz que todo indivíduo do sexo masculino é, em parte, um guerreiro. Todo homem, rapaz ou garotinho deseja, com todas as suas forças, uma batalha na qual ele possa lutar. Depois de criar três filhos e conhecer centenas de garotos adolescentes, eu concordo com Eldredge. A ideia de lutar contra um inimigo é algo que ocorre naturalmente na maioria dos meninos.

Competição e esportes

Existem alguns motivos biológicos bem específicos pelos quais os meninos têm a tendência de ser mais competitivos, fisicamente ativos, durões e todas aquelas outras "coisas típicas de menino". Primeiro, eles têm um nível bem mais alto do hormônio testosterona que as meninas. Na puberdade e adolescência, o nível desse hormônio aumenta ainda mais. Em vários sentidos, os meninos são do jeito que são por causa da testosterona. Como comentamos num capítulo anterior, é a testosterona que faz a voz do menino ficar mais grave, faz pelos começarem a aparecer no rosto e leva os músculos a se desenvolverem. A testosterona também afeta atitudes e comportamentos.

> A parte mais difícil de ser um garoto adolescente é tentar manter a sua própria identidade.
>
> BEN, 17

Segundo, os meninos se concentram em ações. Estão sempre *fazendo* alguma coisa com o objetivo de alcançar o sucesso. A imagem do garoto muitas vezes se baseia em quão bem ele faz as coisas. Ele define seu valor de acordo com suas realizações e sucesso, enquanto as meninas muitas vezes baseiam seu valor na qualidade dos seus relacionamentos.

Por isso, é comum os garotos competirem uns com os outros para ver quem é o melhor. Grupos de amigos do sexo masculino se baseiam numa hierarquia. Sabem quem é "o chefe" e quem toma as decisões. Todos os membros são considerados importantes, mas alguns assumem claramente a liderança, outros os apoiam e outros os seguem. As meninas, em contrapartida, costumam ser igualitárias, ou seja, todas ocupam uma posição de controle e valor iguais. As meninas usam a cooperação para manter a proximidade. Os meninos usam a competição.

Pode parecer esquisito, mas pense um pouco. Você já deve ter visto rivalidade entre garotos que são superamigos. No mundo deles, isso é sinal de honra e respeito. É quase como dizer: "Eu valorizo você o suficiente para competir com você.

Você é meu amigo, e eu sei que a gente pode desafiar um ao outro numa boa". Para os garotos, competir é algo aceitável e agradável. Para as meninas, é uma ameaça à intimidade.

Muitos meninos gostam de esportes principalmente porque oferecem a oportunidade de competir. Em campo, eles podem "lutar" uns contra os outros, derrubar os "inimigos" e buscar a vitória a todo custo. Também podem aproveitar bem suas aptidões espaciais e calcular a que velocidade devem correr, com quanta força devem arremessar e de que distância devem chutar. Nos esportes, os meninos podem usar seus pontos fortes, e isso lhes dá uma sensação de sucesso.

Mas os garotos não gostam de esportes só por causa dos aspectos físicos e espaciais. Também há um aspecto emocional. É isso mesmo. Pouco antes de uma corrida ou jogo importante, o nível de testosterona do menino se eleva quase 40% e dá a energia extra que ele precisa para buscar a vitória. Se ele ganha a corrida ou o jogo, a testosterona se eleva ainda mais e fornece uma dose adicional de dopamina, uma substância química do cérebro que dá a sensação de euforia. Para algumas pessoas, essa reação emocional pode se tornar quase viciante. Só para você saber, a testosterona também desempenha um papel nos eventos esportivos das meninas. Embora ocorra uma elevação desse hormônio nas meninas durante competições, não chega nem perto dos níveis que atinge nos meninos.

A parte mais difícil de ser um garoto adolescente é ter que ser maneiro.

Trevor, 12

E quanto aos meninos que não se envolvem em atividades esportivas, mas passam o dia assistindo a jogos na TV? O que os mantém grudados à tela horas a fio? O fato é que eles conseguem sentir a mesma euforia da vitória só de assistirem a esportes. Se o time para o qual o menino torce ganha o jogo, quer ele esteja assistindo a partida no estádio ou pela televisão em casa, seu nível de testosterona se eleva, ele experimenta um pico de dopamina e, portanto, a mesma euforia que os atletas. Talvez por isso os atletas profissionais sejam as pessoas mais bem pagas do mundo. Eles não proporcionam apenas entretenimento. Também proporcionam um efeito biológico que faz as pessoas quererem mais.

A parte mais difícil de ser um garoto adolescente é a pressão para se envolver em atividades arriscadas sem amarelar.

MARK, 15

Uma vez que estamos falando de esportes na televisão, vamos aproveitar para tratar de outra questão associada à telinha: Por que meninos e homens zapeiam feito loucos?

Se você assiste à TV com seu irmão, seu pai ou algum outro sujeito, sabe que, a menos que estejam totalmente hipnotizados por um programa, o *hobby* predileto deles é apontar o controle remoto para a televisão. O polegar se move, pronto para pressionar o botão. Os olhos se fixam no menu de canais. O cérebro entra em modo "megazap" e, num piscar de olhos, eles passam por todos os 280 canais... duas vezes.

No capítulo sobre o cérebro, comentei que o cérebro dos meninos exige um nível mais alto de estímulo para se manter interessado do que o cérebro das meninas. A mudança de canais proporciona ação, alterações no nível de ruído e velocidade. Poucas meninas zapeiam, mesmo durante os comerciais. Para a maioria dos caras, porém, é um talento altamente desenvolvido. Aliás, na minha casa, os homens sabem exatamente quanto tempo podem zapear durante os comerciais antes de voltar ao programa a que estavam assistindo. É como se tivessem um cronômetro embutido no sistema biológico deles (a propósito, é só impressão, pois isso não existe).

Velocidade, ação, perigo

Pare e pense em algumas das profissões mais perigosas, arriscadas e que têm a ver com velocidade: bombeiro, piloto de corrida, piloto de caça, boxeador, policial, explorador, soldado. A maioria dessas ocupações atrai homens. É verdade que existem algumas mulheres nessas áreas e qualquer mulher que deseje seguir carreira numa delas deve ter a oportunidade de fazê-lo. A verdade, porém, é que mais homens que mulheres se sentem atraídos por profissões que envolvam perigo, risco e velocidade. Por quê?

A parte mais difícil de ser um garoto adolescente é ter que ficar sentado e quieto.

EVAN, 15

É biológico. É a testosterona. O mesmo hormônio que torna os garotos competitivos também aumenta a probabilidade de correrem riscos. Além disso, existem certas substâncias químicas no cérebro que fazem uma pessoa evitar riscos e perigo. Uma delas, a serotonina, pode ser comparada aos freios do carro. Meninos têm níveis mais baixos de serotonina que meninas.

Em outras palavras, os freios deles são menos potentes. Ao mesmo tempo, a substância química que trabalha como acelerador, a dopamina, é produzida numa parte do cérebro que é maior nos meninos que nas meninas. Portanto, além de terem menos freios, os meninos têm mais acelerador. Tudo isso explica por que muitos caras gostam de dirigir em alta velocidade, praticar esportes de aventura e encarar o desafio de ser bem-sucedidos em tarefas difíceis.

Brincar de lutar

Quando meu marido tem um dia cheio no trabalho e meu filho tem um dia cheio na escola, e os dois chegam em casa exaustos, cansados e famintos, para mim o mais óbvio a fazer seria sentar-se, descansar um pouco e comer alguma coisa. Em vez disso, porém, assim que eles passam pela porta dos fundos, deixam a pasta de trabalho e a mochila no chão e começam uma brincadeira que mais parece luta livre.

A parte mais difícil de ser um garoto adolescente é ter que ser machão e lidar com a pressão de ser o mais forte.

DREW, 17

Quando estudantes universitários reencontram antigos colegas do ensino médio, as moças se abraçam, fazem perguntas, conversam sobre uma porção de coisas, elogiam o penteado novo umas das outras e dizem coisas do tipo: "Eu estava morrendo de saudades de você. Tenho tanta coisa pra te contar.

Os meninos gostam de coisas de transporte, tipo motos, aviões e carros de corrida.

MADELEINE, 8

Você está linda. Como vai a faculdade? Você ficou sabendo que a Sue e o Jake terminaram?”. Os rapazes trocam socos, tapas e cutucões amigáveis, ou seja, brincam de lutar.

A parte mais difícil de ser um garoto adolescente é ter que lidar com as expectativas de todo mundo em relação a esportes quando você não é do tipo atlético.

MIKE, 17

No recreio, quando os alunos do ensino fundamental vão para o pátio, as meninas pulam corda, conversam em grupinhos, brincam no balanço e dão risada da roupa engraçada da inspetora de alunos. Os meninos brincam de lutar.

Claro que não é sempre assim, mas, sem dúvida, isso acontece com frequência. Os meninos gostam de atividades que envolvem força física e movimento. Quando um homem brinca de lutar com o amigo, não significa “Eu te odeio”, mas, sim, “Cara, que legal ver você! E aí, tudo bem? A escola tá legal? Gostou do emprego novo? Carro maneiro! Quer assistir a um jogo de futebol lá em casa hoje à noite?”

A parte mais difícil de ser um garoto adolescente hoje em dia é tentar se encaixar no padrão de como todo “cara” típico deve ser.

LUKE, 16

É sério. Os garotos dizem uma porção de coisas em meio à agressão física amigável. É uma forma de se ligar aos amigos, em vez de passar horas pendurado ao telefone como algumas meninas fazem. É uma forma de tentar se tornar o líder de um grupo de amigos. É uma forma de queimar um pouco da grande quantidade de energia física que se acumula durante a infância e a adolescência. E, com o passar do tempo, se torna cada vez menos frequente. Pense bem. Quando você vai à igreja com seus pais, por acaso seu pai brinca de lutar com amigos dele?

Não. Ou, pelo menos, espero que não!

Durões e no controle

Quase toda menina já se perguntou: "Por que os garotos vivem se exibindo e tentando parecer durões?". Na verdade, essa foi uma das perguntas que mais apareceu na pesquisa que os adolescentes responderam para este livro. Às vezes a forma de se expressar é um pouco diferente, tipo: "Por que os meninos tentam dar uma de machões? Por que eles 'se acham'? Por que eles sempre têm que ser os melhores? Por que eles querem mandar em todo mundo?".

A parte mais difícil de ser um garoto adolescente hoje em dia é imaginar que você precisa sempre impressionar as pessoas quando, na verdade, não precisa.

JUSTIN, 19

Todas essas perguntas significam a mesma coisa. Nas palavras de Ally, uma aluna do segundo ano do ensino médio, "O garoto começa uma conversa legal quando vocês dois estão sozinhos, mas, quando os amigos entram em cena, ele se transforma num grosso e volta a fingir que você não existe, porque ele tem que ser o bom".

Ah, sim. O bom. O cara. O máximo.

As meninas gritam quando os meninos correm atrás delas.

TANNER, 7

Sinceramente, meninas, os garotos nem se dão conta de que fazem isso. À medida que vocês continuarem lendo, vão perceber que boa parte dos comportamentos que consideramos típicos dos meninos são inter-relacionados ou interligados. Por exemplo, os garotos têm, por natureza, uma atitude competitiva. Seus grupos de relacionamentos têm um "mandachuva" ou líder. Esses dois fatos levam alguns meninos a dar uma de durões para serem considerados bem-sucedidos e poderosos. É verdade que *dar uma de* bem-sucedido e poderoso não é o mesmo que *ser* bem-sucedido e poderoso, mas meninos (e meninas também) muitas vezes se esforçam para criar uma imagem que pareça desejável.

Acho que é mais difícil ser um garoto do que ser uma garota, pois alguns de nós somos perdedores e nunca vamos conseguir nos enturmar.

Colt, 14

Os meninos desejam ser homens. E não demorarão muito para chegar lá. Nesse meio-tempo, a pose de durão é uma forma de começarem a expressar quem eles esperam ser algum dia — um homem forte, corajoso e íntegro — pois, na adolescência, essa não é a imagem que muitos garotos têm de si mesmos. Eles sentem um bocado de pressão para ser fortes e valentões, para estar no controle e "causar". É verdade, meninas. Aos poucos, a pose de durão vai desaparecendo. Se vocês conseguirem começar a considerá-la um passo rumo à maturidade, isso pode mudar a forma de vocês verem os meninos e se relacionar com eles.

Para ler

1Samuel 17

Leia a história de Davi e Golias e observe as formas diferentes de como os garotos e homens reagem à mesma situação.

Para pensar

1. Pense em filmes, programas de televisão, eventos esportivos e notícias recentes. De que maneiras eles incentivam ou pressionam os meninos a serem durões?
2. Aconteceu alguma vez de você ficar feliz porque um garoto deu uma de valentão? Qual foi a situação?
3. Você acha que as meninas são pressionadas a ser duronas também? Se sua resposta for sim, de que maneiras? Se sua resposta for não, quais são outros tipos de pressão que as meninas sofrem?
4. Em sua opinião, qual é a diferença entre "durão e valentão" e "corajoso e forte"?

Os meninos gostam de brincar de guerra.
Lauren, 5

TRÊS COISAS QUE OS MENINOS NÃO ENTENDEM NAS MENINAS

Por que elas vão ao banheiro juntas. Por que elas são sempre tão certinhas. Por que elas se entopem de sorvete quando ficam tristes.

RYLEY, 16

Por que elas dão risadinhas o tempo todo. Por que elas sempre param no meio dos corredores da escola e causam o maior congestionamento. Por que elas têm tantos sapatos.

JOSEPH, 17

A história de ir ao banheiro. Por que elas precisam de tantos sapatos. Por que elas quase sempre andam em bando.

BEN, 17

Por que elas ligam tanto pra coisas materiais e adoram fazer compras. Por que elas vivem falando mal de outras meninas. Por que elas falam, choram ou paqueram como forma de se safar de qualquer situação.

JOE, 19

Por que elas levam um mooooonte de sapatos na mala quando viajam.

JOSH, 18

Por que elas são tão inconstantes.

JARED, 15

Por que elas escrevem bilhetinhos.

EVAN, 15

Por que elas perguntam se determinada roupa as deixa gordas. Por que elas usam canetas mais do que lápis.

KYLE, 14

Por que, às vezes, elas são tão mal-humoradas. Por que elas se lembram de todos os mínimos detalhes. Por que elas mudam de ideia.

JASON, 15

Por que elas gostam de caras perigosos e durões.

JUSTIN, 18

Por que elas são tão dramáticas.

DEVON, 15

Bronzeamento artificial antes de irem à praia. Os cintos que elas usam, que não têm finalidade alguma, nem vão dentro dos passadores. Ir ao banheiro em grupo — os banheiros nem têm sanitários suficientes pra todas elas de uma vez, né?

BRADFORD, 16

Por que elas vivem mexendo no cabelo. Por que elas falam ao telefone horas a fio. Por que elas passam horas e horas no *shopping* e não compram nada.

DANIEL, 16

Compras. Compras. Compras.

ERIK, 17

Se elas são sinceras naquilo que falam. Onde elas arranjam tempo para colocar tanta maquiagem e se arrumar de manhã antes de irem à escola. Por que elas são tão maldosas umas com as outras.

JOSH, 17

Na terça elas gostam de você, mas hoje é sábado! Dia de caras durões e malvados, e não de sujeitos gentis e legais.

TYLER, 13

Por que elas choram por causa das menores coisas.

MICHAEL, 13

Por que elas adoram sapatos.

ERIC, 13

Por que elas levam um milênio para arrumar o cabelo.

IAN, 14

Por que elas mudam de ideia o tempo todo. Por que elas vivem bravas com você. Por que elas estão sempre retocando o brilho labial.

JACOB, 12

Por que elas se ajuntam em grupinho fechado pra conversar.

SCOTT, 14

Por que elas guardam mágoa por tanto tempo.

CHRIS, 14

Por que elas demoram tanto para se vestir?

PAUL, 14

Por que elas sempre querem conversar.

RYAN, 13

Por que elas têm chilique quando veem um rato. Por que elas vão ao banheiro em bando.

ANDREW, 14

Roupas. *Shopping centers*. Cabelos.

OWEN, 14

Líderes de torcida. Maquiagem. Roupas.

CHASE, 12

Por que elas jogam o cabelo para trás. Por que elas riem tanto. Por que elas dizem "sei lá".

ADAM, 12

Por que elas me tratam mal. Por que elas são mais altas do que eu. Por que elas me magoam.

EVAN, 15

Por que elas disparam a falar igual a uma metralhadora. Por que elas levam uma eternidade para se arrumar.

PETER, 18

Inveja. Chantagens. Obsessões.

BRAD, 18

6 Meleca, arrotos e puns — garotos e coisas nojentas

Meleca: muco ressecado do nariz, de cor esverdeada ou amarelada.

Arroto: emissão geralmente ruidosa dos gases do estômago pela boca.

Pum: ventosidade anal, ruidosa ou não. Peido.

Por que os meninos têm atitudes tão imaturas?

Samantha, 17; Christine, 14; Brianna, 14; Nicole, 16; Stacy, 15; Hanna, 15; Steph, 15; Carrie, 14; Sammie, 16 e muitas outras.

Meninos são mal-educados e nojentos.

Amanda, 16

Detesto dizer isso, mas às vezes os meninos são meio porcalhões.

Pastor Dave, 42

Fato: O corpo da mulher e o corpo do homem têm o mesmo sistema digestivo.

Fato: O corpo da mulher e o corpo do homem têm o mesmo sistema de drenagem dos seios da face para o nariz.

Fato: Tanto o corpo da mulher quanto o corpo do homem produzem no sistema digestivo gases chamados, por vezes, de "arrotos" ou "puns".

Fato: Tanto o corpo da mulher quanto o corpo do homem produzem muco nasal, chamado, por vezes, de "ranho" ou "meleca".

Quando chega aos 17 anos, a maioria das meninas é capaz de agir de forma adulta, enquanto os meninos ainda estão puxando a sunga uns dos outros na piscina e fazendo concursos de puns.

BARBARA e ALLAN PEASE, *Por que os homens fazem sexo e as mulheres fazem amor?*.

Então por que parece que os garotos têm o monopólio dos fluídos e ruídos corporais nojentos?

Quase todas as meninas que responderam à pesquisa usada para escrever este livro fizeram as seguintes perguntas:

> Por que os meninos são tão nojentos? Por que eles são tão imaturos? Por que acham graça nas coisas mais bobas? Por que dão risada de piadas ridículas? Por que acham que os ruídos do corpo são o máximo?

À primeira vista, estas perguntas podem não parecer relacionadas, mas... leia de novo. Viu o que elas têm em comum? Você sabia que os meninos amadurecem mais devagar que as meninas? É verdade. Os garotos adolescentes são de um a dois anos menos maduros que as garotas. Uma vez que a palavra *imaturo* tem jeito de crítica, vamos usar a expressão *menos maduros* para tentar entender qual é a relação entre as perguntas que você acabou de ler.

Garotos adolescentes são menos maduros que garotas adolescentes.

Uma vez que os garotos são menos maduros que as meninas, coisas que parecem infantis ou bobas para elas podem parecer engraçadas para eles.

Como ruídos corporais, piadas ridículas e coisas nojentas são um tanto infantis e bobas, os garotos (que são menos maduros que as garotas) podem achar mais graça nessas coisas que as meninas.

Entendeu a ligação?

Eu costumava pensar que a questão fundamental da guerra entre os sexos era a pergunta "Por que os homens não pedem informação na rua?". Estava errada. Na verdade, o que nos divide em dois extremos opostos é a questão dos ruídos corporais.

Blanche Vermon, colunista da revista *Mademoiselle,* citada em *A Return to Modesty.*

Vários anos atrás, alguns cientistas se reuniram com algumas pessoas de um museu e com uma escritora chamada Sylvia Branzei e, juntos, criaram algo que chamaram de "Nojentologia". Era uma exposição itinerante que percorreu todos os Estados Unidos apresentando fatos como estes:

- Arrotos e puns são resultantes do acúmulo de gases no corpo.

Os meninos se divertem aprontando artes.
Joshua, 10

- Um pum não é um arroto ao contrário.
- O termo mais culto para arroto é “eructação”.
- O termo mais culto para pum é “flato”.

Gostaria que as meninas entendessem que não somos uns babacas.

CHASE, 12

Os arrotos se originam no estômago e são resultantes de excesso de ar combinado com ácidos digestivos.

Os puns se originam no intestino grosso e são resultantes do gás produzido pelas bactérias que digerem os alimentos.

Pessoas de ambos os sexos soltam gases, em média, catorze vezes por dia.

A propósito, as formigas não arrotam.

A meleca é resultante da combinação do muco do nariz com substâncias químicas que matam bactérias. Ela cobre os pelinhos do nariz. Quando você respira, esses pelinhos ajudam a reter impurezas para que elas não entrem nos pulmões. Você engole a meleca com essas impurezas ao longo do dia e, depois, elas são destruídas no estômago.

A região nasal é uma das partes mais limpas do corpo humano.

Seria legal se as meninas entendessem que, às vezes, os garotos simplesmente estão a fim de ser imaturos.

MIKE, 17

Em média, pessoas de ambos os sexos produzem e engolem cerca de um litro de meleca por dia.

O termo correto para o hábito de cutucar o nariz é *rinotilexomania*.

Fala sério: você não está se sentindo bem mais esperta?

Alguns anos atrás, uns 25 alunos do primeiro ano do ensino médio da minha cidade fizeram uma excursão para Chicago nas férias. Na segunda manhã da viagem, a coordenadora das meninas e o coordenador dos meninos estavam com cara de acabados. O coordenador perguntou à coordenadora por que ela parecia tão exausta. Ela respondeu:

— As meninas passaram a noite inteira acordadas conversando sobre meninos, discutindo o que iam vestir hoje, comparando sapatos, trocando roupas umas com as outras, desfilando de maiô umas para outras, fazendo as unhas e as sobrancelhas, contando histórias e arrumando o cabelo. Eu não preguei o olho. Você também está com cara de sono. O que aconteceu?

O coordenador respondeu:

— Eu fiquei acordado até as quatro da manhã. Os garotos fizeram uma competição de puns. Não dormi, mas ri um bocado.

Os únicos insetos que as meninas gostam são "*largatas*" e borboletas.

Bryssa, 5

Ninguém sabe dizer com certeza por que meninos e meninas encaram os ruídos e funções corporais de formas tão diferentes, mas estas são algumas possibilidades:

- Como dissemos, as meninas amadurecem mais cedo que os meninos. Mas, por fim, os meninos as alcançam. Quando foi a última vez que seu pai soltou um arroto alto no meio de um restaurante? Tá vendo? Eles superam essa fase!

Os meninos gostam de nadar.

Matthew, 7

- Meninas costumam ser mais inibidas, pois têm níveis mais elevados da substância química cerebral chamada *serotonina,* a qual funciona como os freios do carro. Para elas, é mais natural pensar: "Caramba, meu estômago tá roncando demais. O que eu vou fazer? Uma coisa é certa: não vou dar vexame em público".
- A parte do cérebro que mantém a pessoa interessada e atenta é menos sensível nos meninos que nas meninas, de modo que eles ficam entediados com mais facilidade. Quando bate o tédio, eles ficam sem sossego e começam a fazer brincadeiras bobas e coisas do gênero. Nas meninas, a parte "pensante" do cérebro se sobrepõe com mais facilidade à parte "reativa" do que nos meninos.

O cérebro deles com certeza é menor que uma ervilha.

Corin, 15

Uma coisa que dificulta a nossa missão de entender os garotos adolescentes é o fato de o corpo deles parecer maduro, enquanto o cérebro não está exatamente no mesmo nível de desenvolvimento. Em outras palavras, o corpo deles cresce, mas o cérebro não amadurece com a mesma velocidade. Por isso, uma das frases que as meninas adolescentes usam com frequência quando estão perto de meninos é: "Vê se cresce!".

Na verdade, algumas meninas começam a dizer isso no jardim da infância, quando os meninos puxam suas tranças para chamar a atenção, mastigam e depois exibem a comida na ponta da língua para a turma toda ou cutucam o nariz e, mais que depressa, enfiam na boca seja lá o que for que estiver pendurado na ponta do dedo.

Comerciais de televisão e seriados humorísticos muitas vezes dão a impressão de que os garotos nunca saem dessa fase menos madura. A mídia parece decidida a retratar caras de todas as idades como sujeitos imaturos, infantis, bobos, fanáticos por esportes, carros e brinquedos que, como Peter Pan, nunca crescem. Pelo jeito, essa imagem vende bem, pois, de outro modo, a mídia trataria de mudá-la.

Por que os meninos têm competições de pum?

AMY, 11

A verdade, porém, é que muitos garotos adolescentes nunca arrotam em público, nunca contam piadas ridículas, não têm interesse em coisas nojentas e são maduros para a idade deles. Se houver quinze garotos e quinze garotas numa turma do ensino médio e se apenas dois ou três garotos agirem de forma imatura e gostarem de fazer ruídos corporais em público, em geral as quinze garotas dirão, baseando-se naqueles poucos indivíduos, que toda a população masculina é *imatura, nojenta e mal-educada*.

Da mesma forma, se apenas duas ou três meninas da turma falarem sem parar sobre compras, fofocarem e não entenderem coisa alguma de carros, em geral os quinze garotos dirão, baseando-se naqueles poucos indivíduos, que toda a população feminina é *consumista, traiçoeira e ignorante*.

Meninos gostam de um monte de coisas materiais (carrinhos com controle remoto, TVs, motos etc.)

MADELEINE, 8

Além de jogarem todos os garotos dentro da mesma categoria de mal-educados e imaturos, as meninas costumam se esquecer de que essa descrição serve para muitos membros do seu próprio sexo. Quando estava na faculdade, morava com três meninas que eram capazes de vencer qualquer sujeito em uma competição de arroto. Já estive em carros, ônibus e salas de aula com meninas que seriam capazes de esvaziar um estádio de futebol em dois segundos só com os ruídos e cheiros que produziam. E já estive em festas do pijama com alunas do último ano do ensino médio que riam, cochichavam e trocavam segredos como se fossem garotinhas do ensino fundamental.

Meninos com certeza dão mais arrotos e soltam mais puns que meninas. Especialmente os que são superimaturos. A gente não, é claro.

TATE, 12, e CHARLIE, 11

Em se tratando de coisas nojentas, a maior diferença entre os meninos e as meninas é que elas não contam vantagem das suas habilidades. Como você deve se lembrar, os meninos são extremamente competitivos. Se o assunto é algum ruído corporal nojento, nada mais natural do que fazer uma competição para ver quem é o melhor... ou pior, conforme o caso. Um garoto talvez parabenize o amigo pelo arroto monumental que ele deu. Logo em seguida, porém, tentará arrotar mais alto e forte que ele. Uma menina, em contrapartida, provavelmente dará os parabéns à amiga e deixará por isso mesmo.

Outra coisa importante de lembrar: desde que o mundo é mundo, a sociedade espera que meninas e mulheres sejam delicadas, finas e educadas. Isso não significa que as pessoas esperam que os indivíduos do sexo masculino sejam o oposto. Na realidade, esperam que a educação gentil e refinada das mulheres incentive os homens a seguirem o seu exemplo. Mas será que as coisas funcionam mesmo desse jeito?

Não dá para dizer com certeza. Se um garoto está apaixonado e descobre que a menina acha que arrotar é supernojento, talvez ele procure mudar de comportamento, pelo menos quando estiver perto da menina. Talvez ele conclua, contudo, que não está preparado para abrir mão desse passatempo emocionante e que as meninas podem esperar mais um pouco. A verdade, meninas, é que essa questão é meio misteriosa até mesmo para os garotos.

Por que os meninos agem como se...

... estivessem no segundo ano do ensino fundamental?

MOLLY, 15

... tivessem 7 anos?

ERIKA, 14

... tivessem 5 anos?

TABITHA, 14

Eu conversei com um grupo de garotos (de várias idades) e disse para eles que as meninas não entendiam por que os meninos curtem tanto os ruídos corporais, as coisas bobas e nojentas e os comportamentos infantis. Eles riram, cutucaram ou empurraram uns aos outros, fizeram piadas e, por fim, um deles arrotou. Bem alto.

Garotos são barulhentos, chatos e dizem coisas bobas.

CHERLINE, 16

Em seguida, perguntei se eles sabiam explicar por que tantos caras fazem essas coisas. As respostas não foram muito elaboradas: “Sei lá”; “Por que é divertido”; “Porque sim”. Ninguém ofereceu uma explicação mais precisa. Um dos mais velhos respondeu: “É uma daquelas coisas que a gente faz. Mas, à medida que fica mais velho, a gente para. Ou faz menos”. Foi quando eu observei que, na maioria dos casos, eram os garotos mais novos que estavam fazendo brincadeiras bobas e arrotando o alfabeto. Os mais velhos eram consideravelmente mais bem educados.

Essa diferença de comportamento de acordo com a idade também apareceu na pesquisa com meninos e meninas. Vários garotos mais novos que participaram da pesquisa escreveram respostas sarcásticas, bobas e ridículas. Um dos sujeitos mais novos, por exemplo, deu as seguintes respostas:

★ Cite algumas coisas nas quais (em geral) os meninos se saem melhor que as meninas: Tudo.
★ Cite algumas coisas nas quais (em geral) as meninas se saem melhor que os meninos: Nada.

Outro sujeito respondeu:

★ Cite algumas coisas nas quais (em geral) os meninos se saem melhor que as meninas: cuspir, arrotar, soltar pum, fazer xixi em pé.
★ Cite algumas coisas nas quais (em geral) as meninas se saem melhor que os meninos: cozinhar, limpar, ter bebês, ser mal-humoradas, ser chatas.

Por que os garotos sempre fazem ruídos nojentos com o corpo?

HANNAH, 14

Muitos dos garotos mais velhos, em contrapartida, deram respostas que pareciam ser mais refletidas e honestas. Um dos adolescentes mais velhos escreveu:

- ★ Cite algumas coisas nas quais (em geral) os meninos se saem melhor que as meninas: Sei lá... alguns se saem melhor em esportes. Outros não. Alguns são melhores em coisas mecânicas. Outros não. Depende. Mas eu acho que a gente se sai melhor em largar mão de um problema ou conflito uma vez que ele passou.
- ★ Cite algumas coisas nas quais (em geral) as meninas se saem melhor que os meninos: Acho que as meninas se saem superbem em formar amizades mais fortes. Elas entendem os relacionamentos melhor que os meninos. Também entendem e se identificam mais com os sentimentos das outras pessoas.

Deu para perceber a diferença entre as respostas? Sem dúvida, à medida que os garotos ficam mais velhos, a maturidade começa a se tornar mais aparente. Só chega um pouco mais tarde em comparação com as meninas.

O que fazer, então, com um garoto cuja falta de maturidade está dando nos seus nervos? Em minha opinião, é muito certo a menina dizer para o menino que ele está fazendo algo um tanto grosseiro. Se um sujeito se virar para você, contar uma piada vulgar e depois der risadas, você tem todo o direito de dizer: "Quer saber, isso não foi nem um pouco legal. Não quero mais que você fale comigo desse jeito". Esse comentário é muito mais produtivo do que dizer: "Cara, você é um babaca insuportável. Vê se cresce e larga de ser grosso". Se você disser algo do gênero, pode acontecer de o garoto simplesmente rir e pensar: "Caramba, mandei bem! Quem sabe se eu fizer a mesma coisa amanhã ela vai gritar e ter um piti na frente de todo mundo".

> É tão irritante quando um deles solta um pum e todos os outros riem e dão os parabéns pra ele.
>
> LAUREN, 14

No final das contas, meninas, a questão se resume ao seguinte:

Nem todos os garotos são uns nojentos, desleixados e mal-educados que pensam que meleca é munição, insetos existem para ser esmagados e arrotos são uma forma de comunicação.

É provável que os garotos na sua escola (ou família ou igreja) que você considera "sujeitos imaturos, nojentos, mal-educados e desleixados" ainda precisem amadurecer. Seja paciente.

O fato de você se irritar com o comportamento de alguns meninos não a torna melhor ou superior. Também não lhe dá o direito de esculhambá-los.

Quase todos os meninos se tornam homens decentes e gentis, até mesmo aqueles que, hoje, acham o máximo imitar o ruído de pum enfiando a mão na axila e mexendo o braço para cima e para baixo.

Ninguém convidou você para fazer parte da patrulha das boas maneiras. Se você é uma jovem educada e madura, ótimo. O mundo precisa de pessoas assim. Mas deixe que seu comportamento seja exemplo para outros em vez de dar sermões, fazer cara de nojo e soltar o famoso: "Vê se cresce!".

Para ler

Provérbios 13.20

Para pensar

1. Em sua opinião, quem age com mais maturidade na sua sala de aula: as meninas ou os meninos? Por quê?
2. Em que sentidos você observou que os garotos da sua idade amadureceram nos últimos anos?
3. Pense em alguns exemplos de comerciais de televisão que retratam os homens como sujeitos bobos, imaturos e desleixados. Qual é a sua reação quando você vê um comercial desses? Por que os publicitários retratam os homens desse jeito?
4. Por que, quando uma menina arrota alto, por exemplo, ela é considerada mais mal-educada que um menino quando ele faz a mesma coisa?

As meninas gostam de brincar com minhocas, taturanas e bichinhos da água bonitinhos.
LAUREN, 3

OS GAROTOS DIZEM O QUE É MAIS DIFÍCIL PARA ELES

(As "três mais": escola, desejo sexual e pressão dos colegas)

Não ter dinheiro.

RYLEY, 16

Encontrar uma menina que entenda você.

JASON, 16

A expectativa de que você se saia bem nos esportes.

MIKE, 17

Viver à altura dos padrões de outras pessoas.

JOSEPH, 17

Tentar manter a própria identidade e o próprio conjunto de regras.

BEN, 17

Tentação.

ERIK, 18

Tarefas de casa.

JOE, 16

Conviver bem com meus pais.

JOE, 19

Pressão dos colegas.

NATE, 18

Fazer escolhas acertadas.

Josh, 18

Pressão para fazer coisas sem amarelar.

Mark, 16

Tentar seguir Deus em um mundo no qual Satanás está tentando te derrubar.

Stephen, 17

Ter que ser "machão", ter que ser o mais forte, ser considerado alguém que só pensa em sexo.

Drew, 17

Ser magoado pelas meninas.

Ty, 18

Ser aceito.

Jared, 15

Responder a questionários como este.

Mike, 15

Deixar o cabelo crescer.

Jake, 15

Ficar parado.

Nick, 15

Tentar se enturmar.

Luke, 16

Desejo sexual... No mundo em que a gente vive, é difícil permanecer puro.

JUSTIN, 19

Competição.

BRAD, 18

Ser aceito.

BRAD, 18

Lidar com tentações e desejo sexual. Comerciais de TV usam sexo para tentar vender qualquer coisa, especialmente para garotos.

A. J., 18

Pensar que você tem que projetar uma imagem de durão. É preciso um bocado de esforço para abrir mão do próprio ego e confiar em Deus.

ROB, 18

Desejo sexual — a forma que as meninas se vestem e agem na sociedade de hoje faz os pensamentos da gente irem longe.

IAN, 18

Desejo sexual — a gente tem que se esforçar para ver a personalidade da menina, e não aquilo que ela está vestindo.

MATT, 19

Ficar perto de meninas que vestem roupas escandalosas. O desejo sexual é sempre uma coisa complicada para os garotos, e as meninas não colaboram.

JOSH, 17

Tentar se enturmar.

KEYLE, 13

Ser aceito no time da escola.

AARON, 14

A influência das roupas minúsculas das meninas.

MICHAEL, 13

Tentar ser popular.

COREY, 13

Álgebra.

CHRIS, 14

Ser chamado de babaca.

CHASE, 12

Ser maneiro.

TREVOR, 12

Ser baixinho.

EVAN, 15

Não se meter em encrenca.

TRAVIS, 13

Viver se metendo em encrenca.

JOE, 15

Recusar bebidas alcoólicas e drogas.

DAVID, 17

Ser você mesmo.

PETER, 18

7 Resmungar, zoar e berrar — garotos e comunicação

Resmungar: pronunciar algo confusamente, por entre os dentes.

Zoar: rir de uma pessoa ou fazer uma brincadeira com ela.

Berrar: usar voz alta e forte, dizer aos berros, gritar.

O que as garotas querem comunicar de verdade quando contam algo para você? Tudo o que uma garota diz tem algum significado escondido.

A. J., 18

Algo que me incomoda nas meninas? O fato de elas falarem sem parar!

Scott, 17

Por que as meninas falam tanto por telefone?

Trevor, 12

Os meninos correm das meninas que estão tentando atacá-los.

Tanner, 7

Vários anos atrás, fui uma das monitoras do baile de formatura do ensino médio. Lá pela metade da festa, resolvi ir ao toalete (sozinha). Antes de chegar lá, passei por sete garotos sentados em poltronas confortáveis. Tinham o paletó desabotoado ou pendurado no encosto da poltrona. Estavam com as pernas esticadas, um olhar perdido no infinito (provavelmente de tanto serem fotografados com *flashes*) e pouco à vontade com os sapatos sociais que calçavam. O que mais chamava a atenção, porém, era o fato de todos os sete estarem no mais absoluto silêncio. Pareciam estar se divertindo pra valer só de ficarem sentados ali, enfileirados, sem dizer uma palavra.

Em termos simples, quando se trata de falar e dialogar, os homens têm aptidões limitadas.

PEASE, Por que os homens fazem sexo e as mulheres fazem amor?.

Quando entrei no toalete feminino, vi as acompanhantes dos sete garotos silenciosos. Tinham ido todas ao banheiro juntas. Duas estavam na frente do espelho arrumando o penteado e retocando o batom. Uma estava junto da pia tentando tirar manchas de ponche vermelho do vestido. Uma estava ajeitando as meias-calças. Uma estava chorando por causa de algo que o namorado havia lhe dito. Outra estava tentando consolar a amiga que chorava. Outra ainda estava tramando vingança contra aquele namorado insensível. Todas as sete estavam conversando. Pareciam satisfeitas de estar no banheiro juntas, fortalecendo os laços de amizade por meio do milagre da conversação.

A comunicação — falta de, como usá-la, o que ela é — continuará a ser assunto entre homens e mulheres enquanto ambos existirem. A maioria dos garotos se queixa de que as garotas falam demais; a maioria das garotas se queixa de que os garotos falam de menos (exceto quando não devem, como na sala de aula; daí, ao que parece, as meninas acham que os meninos falam demais). Existem inúmeros livros para homens e mulheres adultos sobre "como se comunicar", "como falar de modo que os homens ouçam", "como ouvir de modo que os homens falem", "como entender o que seu cônjuge está dizendo de fato" e "como se tornar alguém que sabe ouvir maravilhosamente bem". Se ao menos homens e mulheres entendessem como o cérebro afeta sua maneira de falar (ou, em alguns casos, deixar de falar), com certeza nos sairíamos bem melhor na área da comunicação.

> Seria legal se as meninas entendessem que os garotos não ligam tanto para os detalhes.
>
> Erik, 18

Comentamos anteriormente sobre como um dos fortes do cérebro feminino é a área da linguagem e um dos fortes do cérebro masculino é a área espacial. Isso não significa que todas as meninas falam muito e todos os meninos falam pouco. Sem dúvida, porém, existem algumas diferenças óbvias no que se refere a *como*, *por que* e *quando* as meninas e os meninos falam.

COMO

Desde pequenos, meninos e meninas falam uns com os outros de forma diferente. Dezenas de estudos com pessoas de várias idades mostram que, quando as meninas e mulheres conversam, costumam sentar-se mais perto, viradas umas para as outras, e manter contato visual o tempo todo. Quando meninos e homens conversam, mantêm, em geral, certa distância e posicionam-se lado a lado, mais do que de frente uns para os outros, com bem menos contato visual que as mulheres.

Não são necessárias muitas palavras para acertar um búfalo na cabeça, mas são necessárias muitas palavras para ensinar crianças e contar histórias, dar notícias e falar sobre os homens.

HELEN FISHER, ANTROPÓLOGA. No programa *Science of the Sexes*, do *Discovery Channel*, comentando por que as mulheres falam mais que os homens.

Em razão dessas diferenças, quando uma garota e um garoto estão conversando, muitas vezes a garota pensa que o garoto a está ignorando. Se ele se mantiver afastado, se não voltar o rosto para ela e não olhá-la nos olhos, ela pode pensar: "Ele não liga a mínima para o que eu estou dizendo". Na verdade, porém, o garoto está simplesmente agindo da forma que é mais natural para ele.

E o garoto pode imaginar que a menina está tentando deixá-lo sem graça ao se aproximar demais, voltar o rosto para ele e olhá-lo nos olhos. "Que história é essa? Ela está invadindo o meu espaço! Preciso dar o fora daqui!"

Gostaria que as meninas entendessem que, só porque não estamos a fim de falar o tempo todo, não significa que estamos zangados.

DANIEL, 18

Outra questão relacionada a como meninos e meninas conversam tem a ver com a comunicação não verbal. Os garotos são ótimos no uso de "palavras" não verbais quando conversam com outros garotos. Pense nos cumprimentos, nos movimentos da cabeça, nos apertos de mão que eles inventam. Você já viu garotos usarem essa linguagem para "conversar" uns com os outros?

Ano passado, eu estava recepcionando o pessoal do grupo de jovens com o qual trabalho. Um garoto novo entrou, e eu fui cumprimentá-lo. Perguntei o nome e idade dele e como ele havia ficado sabendo do grupo. Ele respondeu: "Um amigo comentou comigo na escola hoje". Dava para ver que o garoto não fazia parte de nenhuma turma. Era o tipo de sujeito que as pessoas cruéis às vezes chamam de "perdedor". Estava curiosa para saber quem o havia convidado, de modo que perguntei: "Você está vendo seu amigo aqui?".

> Boa comunicação não é o forte dos garotos.
>
> TANYA, 18

Ele olhou em volta por alguns momentos e, por fim, encontrou a pessoa que estava procurando. Apontou para um garoto lá no outro canto e disse: "É aquele ali". Uma menina teria acenado, dito "oi" e corrido para conversar com a amiga. Mas não aquele cara. Ele levantou o braço e deu aquilo que chamo de "saudação masculina", um movimento rápido com a mão que significa "E aí, tudo bem? Bom ver você. Como foi seu dia? Espero que a programação de hoje seja legal. Cara, valeu por ter me convidado". Tudo isso com um ligeiro movimento da mão.

O garoto que o convidou viu a "saudação masculina" e respondeu com o que chamo de "aceno masculino". Levantou o queixo alguns milímetros, olhou para o amigo e moveu a cabeça de leve para a frente e para trás, como quem diz "Ei, legal que você veio.

Espero que não tenha sido difícil achar o caminho. Com certeza você vai gostar da programação. Se quiser vir aqui e ficar perto de mim, tudo bem". Tudo isso com um ligeiro movimento do pescoço.

Só para constar, meninas, os garotos conversam e se comunicam, sim. Algumas vezes, porém, o fazem de uma forma diferente da nossa. Quando brincam de lutar, empurram uns aos outros, esbarram uns nos outros e fazem pequenos movimentos com a cabeça, os braços, os ombros e as mãos, estão conversando. Quando fazem gozações uns dos outros e, às vezes, até mesmo quando parecem estar trocando insultos, estão expressando amizade. Para nós, meninas, pode parecer que eles estão contando vantagem uns para os outros ou sendo agressivos. Para eles, porém, não passa de brincadeira amigável.

Meninos e meninas têm formas diferentes de conversar e se comunicar. Não se esqueça disso.

Não entendo por que os meninos só falam de carros, meninas e coisas da escola.

JANET, 18

POR QUE

Outra grande diferença entre meninos e meninas se deve aos motivos pelos quais eles se comunicam e conversam. Para os meninos, falar é, principalmente, uma forma de trocar informações. Deborah Tannen, uma pesquisadora que passou vários anos estudando as habilidades de comunicação das pessoas, chama isso de "transmissão de dados". Uma conversa por telefone entre dois meninos pode se resumir a apenas algo do tipo: "A gente vai assistir a um filme na casa do Jim hoje, às 21 horas. Traga dinheiro para a *pizza*. Tchau.". Observe quanta coisa foi comunicada com menos de 140 caracteres.

- quem — a gente
- o que — assistir a um filme
- onde — na casa do Jim
- quando — hoje, às 21 horas
- por que — porque vai ter *pizza*
- informação adicional — traga dinheiro

Não entendo por que os meninos não ouvem quando a gente fala.

CHRISTINE, 18

Se uma menina quisesse comunicar a mesma quantidade de dados, poderia passar várias horas ao telefone. Isso porque as conversas entre meninas não têm a ver só com a transmissão de informações. Também têm a ver com o desenvolvimento de intimidade. Para as meninas, as palavras são um instrumento para formar ligações. Não são apenas uma troca de dados. São uma forma de compartilhar de si mesma com a outra pessoa. Os meninos transmitem dados, enquanto as meninas buscam companheirismo.

As meninas com certeza se saem melhor na comunicação.

KALENA, 17

Para desenvolver companheirismo, muitos garotos preferem fazer qualquer coisa em vez de conversar. Conheço uma porção de meninos do ensino médio que passam horas assistindo à televisão juntos em silêncio como forma de criar ligações e fortalecer amizades. Alguns caras se sentem mais próximos dos amigos depois que passam a tarde jogando bola, andando de bicicleta ou tocando guitarra com eles, falando estritamente o essencial.

Sei que é difícil de acreditar, mas a maioria dos garotos e homens está satisfeita com uma vida de poucas palavras, poucas conversas e nenhum papo supersério e profundo.

QUANDO

Há um momento específico na vida dos garotos em que eles costumam falar: quando é absolutamente necessário. Se a comunicação não verbal não resolver, se passar tempo juntos em silêncio não resolver e se não houver um aperto de mão diferente, um aceno da cabeça ou um empurrão que resolva, aí eles falam. Também pode acontecer de um garoto falar depois do professor dizer: "Nada de conversa pelos próximos quinze minutos". Nessa situação, porém, as meninas cochicham.

Quando as meninas falam? Sempre que surge uma oportunidade. E se ela não surgir sozinha, as meninas inventam uma oportunidade. Por isso vão ao banheiro em grupo. Desse modo, podem bater-papo, formar ligações, trocar segredos, resolver as crises da vida e combinar sobre o que vão conversar em seguida.

Meninas se expressam muito melhor que meninos.

JESSICA, 16

Há uma excelente explicação para essa diferença entre meninos e meninas. Os garotos usam entre 2.000 e 4.000 palavras por dia. Usam entre 1.000 e 2.000 sons (*hum, hein?, ahã etc.*). E fazem entre 2.000 e 3.000 comunicações não verbais como gestos com as mãos e expressões faciais. Se você somar todos esses números, verá que os meninos "falam" entre 5.000 e 9.000 "palavras" por dia.

As meninas, porém, pronunciam entre 6.000 e 8.000 palavras, usam 2.000 a 3.000 sons e fazem 8.000 a 10.000 comunicações não verbais. Se você somar tudo, verá que as meninas "falam" entre 16.000 e 21.000 "palavras" por dia. Em outras palavras, as meninas usam, em média, três a quatro vezes mais "palavras" por dia que os meninos.

Por que os garotos não dizem de uma vez o que estão pensando?

JESSICA, 16

Não dá para determinar se as meninas falam com mais frequência porque têm mais palavras para usar a cada dia, ou se usam mais palavras a cada dia porque falam com mais frequência. Essa é a pergunta do tipo "O que veio primeiro: a galinha ou o ovo?" do universo feminino. Não que faça muita diferença. A maioria das meninas fala mais que a maioria dos meninos, e nada vai mudar esse fato.

Não entendo por que os meninos detestam falar ao telefone.

CHELSEA, 17

Numa situação de crise, é mais provável que os meninos entrem em ação e as meninas recorram à comunicação. Lembra-se do que aconteceu quando o anjo visitou Maria e lhe disse que ela iria dar à luz o Filho de Deus? Ela correu para a casa da prima para contar. Relatou todos os detalhes. Depois, escreveu uma poesia sobre o acontecimento. Ela precisava contar para alguém o que estava se passando em sua vida.

As meninas leem livros da Ramona, Junie B. Jones ou Betsy.

TANNER, 7

José, em contrapartida, reagiu à visita do anjo de forma bem diferente. Acordou, analisou a situação e lidou com ela sozinho. Depois, fez exatamente o que o anjo havia mandado. E, tanto quanto sabemos, ele e Maria se davam bem. Isso significa que é plenamente possível meninos e meninas irem além da questão da comunicação e terem um relacionamento sério e honesto.

Uma vez que as meninas podem usar os dois lados do cérebro ao mesmo tempo, conseguem falar e fazer mais alguma coisa. Aliás, o cérebro da menina pode criar linguagem dos dois lados, enquanto o cérebro do menino cria linguagem apenas do lado esquerdo. Portanto, as meninas não apenas têm maior quantidade de palavras, mas também têm palavras de melhor qualidade, o que significa que suas aptidões linguísticas são, em geral, mais desenvolvidas que as dos meninos.

Não entendo por que os meninos não olham para a gente quando estão falando.

PAULA, 16

Por que é tão importante saber disso? Para entender o seguinte:

Se um garoto não está falando com você no momento, não significa que esteja zangado com você.

Se um garoto parece não estar ouvindo, talvez seja porque está fazendo alguma outra coisa e só consegue se concentrar em uma atividade de cada vez.

Se um garoto não olha nos seus olhos durante a conversa, não significa que esteja pensando em outra coisa ou que esteja ignorando você.

Se um garoto lhe der a "saudação masculina" ou o "aceno masculino", quer dizer que ele está falando com você.

Se você quiser conversar com um menino, talvez seja melhor encontrar uma atividade da qual vocês dois gostem e que possam realizar juntos. Quando houver uma pausa na atividade, puxe conversa. Não espere que ele faça duas coisas ao mesmo tempo.

Por fim, lembre-se de que a maioria dos meninos não considera importante saber de todos os detalhes. Se você tem algo a dizer ou uma história para contar, mantenha o seu relato curto e objetivo. Guarde as palavras que sobraram para a próxima vez que você for ao banheiro com outras meninas ou para o seu próximo telefonema. Suas amigas vão gostar, e seus amigos também. Em resumo, é possível todos ficarem felizes e serem agradáveis se você não esquecer que as palavras são as melhores amigas da menina, mas provavelmente não do menino.

Para ler

Provérbios 10.19; 12.18; 16.24; 17.27; 18.6-7

Para pensar

1. Você tem um amigo com quem sente facilidade de bater papo? Sobre o que vocês conversam? Por que é fácil se comunicar com ele?
2. Por que (em geral) é bem mais fácil as meninas conversarem entre si e os meninos conversarem entre si?
3. Quais são alguns aspectos positivos e negativos de uma pessoa que é mais calada?
4. Quais são alguns aspectos positivos e negativos de uma pessoa que é mais falante?

Os meninos adoram brincar com Lego.
LAUREN, 5

OS MENINOS ACHAM QUE ELES SE SAEM MELHOR EM...

cuspir
manter amigos
tudo
mecânica
caça
dizer as coisas claramente
esportes
trabalhos braçais
trabalhar com as mãos
atividades atléticas
pensamento racional
lógica
não fazer tempestade num copo d'água
guardar segredos
dirigir
levantamento de pesos
carregar coisas pesadas
video games
bom senso
consertar coisas
construir coisas
lutar, jogar beisebol e futebol, carros
servir no Exército
tecnologia
tocar bateria
brigar
tocar guitarra

andar de bicicleta cross

ser despreocupado

lidar com problemas

fazer compras rapidamente

superar situações difíceis

perdoar

tomar decisões

ter coragem

resolver diferenças

andar de skate

fisiculturismo

ser menos metidos

computadores

pescar

ficar calmos

esconder os sentimentos

8 Solavancos, safanões e perrengues — os garotos e as emoções

Solavanco: movimento brusco, choque.

Safanão: sacudidela, tapa, empurrão.

Perrengue: situação complicada que causa desânimo.

Gostaria que as meninas entendessem como elas mexem com a nossa autoestima. Também seria bom se elas não abusassem dessa influência.

Joe, 19

Eu queria que as meninas entendessem que a gente também é sensível.

Ben, 17

Dói pra caramba quando alguém me diz que não tenho competência suficiente para alguma coisa.

A. J., 18

Os meninos ficam em pé, as meninas sentam (os meninos sentam quando precisam fazer cocô).

Austen, 6

Christian morreu num acidente de carro em meados de 2002. Havia terminado o ensino médio e já sabia qual faculdade queria fazer. Participava da equipe de natação e tinha um sorriso que cativava todo mundo. Ao longo de todo o ensino médio, fez parte do grupo de jovens com o qual eu trabalho e nunca o vi de cara fechada.

Eu não entendo por que as meninas são tão sentimentais e por que elas levam tudo tão a sério.

NATHANIEL, 13

Durante o velório, Bryan, o amigo mais chegado de Christian, se isolou do resto da turma. De vez em quando, alguém se aproximava dele, dizia alguma coisa e tentava puxar conversa. Mas Bryan continuava calado e, à primeira vista, não demonstrava qualquer emoção. Andava de um lado para o outro, depois parava e ficava olhando para o nada. Parecia sempre distante e perdido em seus pensamentos.

A certa altura, Mark e eu percebemos que Bryan tinha sumido. Ninguém o viu sair. Ninguém sabia para onde tinha ido nem fazia ideia de onde procurar por ele. Minha primeira reação foi de preocupação e medo. Perguntei a Mark se devíamos procurar Bryan para ter certeza de que ele estava bem. "Ele só precisa de um tempo sozinho", Mark respondeu. "A única coisa que a gente pode fazer é esperar. Quando ele estiver preparado, ele aparece".

Amy, outra amiga chegada de Christian, reagiu de forma completamente diferente. Passou boa parte da tarde chorando baixinho, abraçando amigos, olhando o painel de fotos de Christian, e dizendo, abertamente, como ela estava triste, chateada, brava e magoada com o que tinha acontecido. Com o passar do tempo, foi ficando mais agitada e emotiva. Por fim, alguns amigos precisaram levá-la para casa, pois ela não podia mais suportar a dor e a tristeza.

Tanto Amy quanto Bryan amavam Christian.

Os dois sofreram com a morte dele.

Os dois sentiram tristeza, confusão, raiva e dor extremamente profundas.

Contudo, expressaram esses sentimentos e trataram deles de formas bem diferentes, em parte pelo fato de serem dois indivíduos distintos, mas em parte também pelo fato de Bryan ser menino e Amy ser menina.

Gostaria que as meninas entendessem que a gente não é tão sentimental.

MICHAEL, 13

A relação entre os meninos e as suas emoções é confusa para as meninas em dois sentidos. Primeiro, a maioria das meninas não entende muito bem como os garotos lidam com as próprias emoções. Uma vez que as meninas expressam abertamente os seus sentimentos e os meninos são tão fechados nessa área, muitas vezes as meninas ficam frustradas e confusas. Por que os garotos não falam sobre aquilo que estão sentindo? Eles ficam tristes de vez em quando? Por que eles não choram? Por que, quando estão chateados, eles preferem ficar sozinhos?

Segundo, a maioria das meninas não entende (ou se chateia) com a forma com que os garotos lidam com as emoções de outras pessoas. Por que eles não ligam para os meus sentimentos? Por que eles não perguntam o que está acontecendo? Por que eles não tentam entender o que eu estou passando? Por que eles são tão insensíveis?

> As meninas com certeza sabem expressar os sentimentos melhor que a gente.
>
> DANIEL, 16

Centenas de meninas fizeram essas perguntas sobre os meninos e suas emoções. Aliás, centenas de meninos fizeram perguntas parecidas sobre as meninas. Por que elas choram tanto? Por que elas fazem tempestade em um copo d'água? Por que demoram tanto para lidar com algumas coisas? Por que pressionam a gente a falar sobre os nossos sentimentos?

Como devem ter percebido, amigas, não são só vocês que se sentem confusas. Vejamos se conseguimos esclarecer as coisas pelo menos um pouquinho.

OS MENINOS E SUAS PRÓPRIAS EMOÇÕES

Para começar, vamos deixar uma coisa bem clara: os meninos têm sentimentos. Eles têm emoções. Sabem o que é sentir alegria, tristeza, ira, desgosto, medo e dor. Eu sei disso por dois motivos. Primeiro, porque eles me disseram. E, segundo, porque Jesus, o maior exemplo para a humanidade, sentiu todas essas coisas. Ficou triste quando o jovem rico decidiu não segui-lo. Ficou irado quando viu como os comerciantes estavam usando o templo como um lugar de negócios. Ficou feliz quando criancinhas quiseram se aproximar dele. Sentiu o medo e a dor que acompanham a morte. Ficou empolgado com a perspectiva de voltar para junto do seu Pai celestial.

A maior diferença entre meninos e meninas não está nas emoções em si, mas em como lidam com elas. As meninas fizeram duas observações a respeito dos garotos e suas emoções:

Eles não conversam sobre seus sentimentos e não choram na frente de outras pessoas.

Eu queria que as meninas entendessem que a gente lida com as nossas emoções de um jeito diferente.

JACOB, 15

É bem provável que você conheça pelo menos alguns garotos que falam sobre os sentimentos e choram na frente de outras pessoas. E também é provável que conheça pelo menos algumas meninas (quem sabe você mesma) que não gostam de conversar sobre os sentimentos e não gostam de chorar na frente dos outros. Em geral, porém, as duas observações se aplicam à maioria dos garotos.

Os meninos sabem esconder os sentimentos melhor que as meninas.

JUSTIN, 19

Talvez você se lembre de que, no capítulo sobre o cérebro, conversamos um pouco a respeito de como o cérebro do menino processa as emoções. Primeiro, o cérebro dele lida com as emoções apenas do lado direito. Como acontece com boa parte das outras coisas, o cérebro do menino trata das emoções de maneira concentrada. Isso significa que a maioria dos meninos não consegue lidar com suas emoções e mais alguma coisa *ao mesmo tempo*. A tendência dos garotos é fazer uma coisa de cada vez, pois é assim que o cérebro deles funciona. Portanto, se um menino ou um homem experimentou uma emoção forte enquanto estava na escola ou no trabalho, é provável que guarde essa emoção num canto até mais tarde, quando poderá se concentrar nela totalmente.

Quando isso acontece, muita gente pensa que eles estão ignorando ou escondendo os sentimentos. Na verdade, porém, eles só estão agindo de acordo com a sua programação biológica. Alguns meninos reservam a força dessas emoções para usá-la mais tarde. Deixe-me dar um exemplo. Se um garoto que joga no time de futebol tem uma partida importante pela frente e se alguém do outro time faz alguma coisa que o deixa com raiva, o garoto guarda essa raiva e a usa durante a partida, para jogar com mais energia, força ou determinação de vencer. Ou, se um menino tem o papel principal em uma peça de teatro e algum valentão pretensioso tira um barato dele por participar de atividades artísticas, pode ser que ele guarde a raiva num canto do cérebro e lide com ela depois, ou use-a para melhorar o desempenho no palco.

Seria legal se as meninas entendessem que a gente também tem sentimentos.

JAMES, 15

Dados científicos mostram que, em geral, os meninos esperam, em média, sete horas antes de lidar com uma emoção forte. Isso acontece porque a maioria dos meninos não considera os seus sentimentos algo que deva ser analisado e compartilhado com os amigos. Em vez disso, eles veem as emoções como problemas a serem resolvidos. Não usam a dor ou a mágoa para criar laços ou se aproximar dos amigos, como muitas meninas fazem. Tentam "consertar" ou "solucionar" o problema e usá-lo de forma vantajosa para eles.

Os meninos recebem duas mensagens contraditórias da sociedade. Por um lado, espera-se que eles sejam fortes e durões, que nunca pareçam frágeis nem chorem na frente de outros. Em contrapartida, também se espera que eles "tenham contato com seus sentimentos", "não tenham medo de deixar outros os verem chorar" e "mostrem seu lado mais sensível". Que situação mais confusa!

Em minha opinião, as meninas precisam respeitar o fato de que, em geral, os meninos não lidam com os sentimentos da mesma forma que elas. Não é legal as meninas tentarem pressionar os garotos para que eles se abram e falem de coisas que eles não estão a fim. Também não tem nada a ver imaginar que os garotos são insensíveis só porque passam essa impressão. E, quando um garoto demonstra fraqueza, mágoa ou dor, as meninas não devem jamais, em hipótese alguma, tirar um barato dele.

Tô com vontade de chorar.

CHARLIE BROWN, depois de perder mais um jogo.

Garotos se magoam, especialmente quando alguém os trata com desprezo. Pedi a alguns meninos que anotassem os apelidos mais cruéis que outras pessoas dão para eles. Aqui estão apenas alguns:

- covarde
- *gay*
- bicha
- perdedor
- babaca

Os meninos gostam de destruir coisas.

MADELEINE, 8

Um garoto respondeu: “Qualquer apelido ou palavra que ofende é cruel e esta página não é grande o suficiente para anotar todos eles”.

Todas as palavras da lista acima — e pode crer que têm muitas outras — são humilhantes e dolorosas. Amiga, por favor, nunca use um apelido desse tipo para se referir a um garoto ou a outra garota, nem por brincadeira. Você nunca sabe o tamanho do estrago que pode causar.

Para dizer a verdade, depois de vinte anos de casada e dezoito anos como mãe de meninos, ainda não entendo completamente os garotos e suas emoções. É um desafio e tanto deixar o meu marido e os meus filhos lidarem com os sentimentos do jeito deles. Às vezes, gostaria que eles conversassem mais sobre as coisas, como as meninas fazem. Às vezes, gostaria que eles reconhecessem que estão com medo, ou tristes, ou solitários. Mas, muitas outras vezes, fico feliz por Deus ter feito os garotos exatamente do jeito que eles são.

É bom poder contar com o Mark para compensar meus pontos fracos com os pontos fortes dele, e vice-versa. É bom saber que existem homens e mulheres que colocam o medo de lado para enfrentar incêndios e perseguir criminosos. E é bom saber que, quando uma pessoa está fraca, normalmente há outra pessoa forte por perto e, juntas, elas podem enfrentar mais um dia.

Acho que, em vários sentidos, é mais difícil ser menino. Nem sempre eles sabem como agir, e a sociedade não aceita que eles demonstrem o que estão sentindo.

Ruby, 17

Existe uma razão para Deus ter criado homens e mulheres do jeito que ele os criou. É para que possamos ajudar, apoiar e incentivar uns aos outros. Isso fica mais claro do que nunca quando se trata de lidar com as emoções.

OS GAROTOS E AS EMOÇÕES DE OUTRAS PESSOAS

Tudo bem que os meninos lidam com as próprias emoções de forma diferente das meninas. A maioria das meninas consegue aceitar esse fato. Agora, o que não é fácil aceitar é a forma como os garotos lidam com as emoções de outras pessoas, especialmente as nossas. Se eles querem "ignorar" a tristeza *deles* e lidar com ela depois, ótimo. Mas nós com certeza não queremos que eles ignorem a *nossa* tristeza!

Por que os meninos dizem que está tudo bem quando é óbvio que não está tudo bem?

NIKKI, 17

Parte da dificuldade de entender como os meninos veem as emoções dos outros nasce do fato de as meninas verem essas "emoções externas" de maneira bastante singular. A maioria das meninas é aquilo que eu chamo de *hipersensível*. Com exceção da visão, todos os outros sentidos da menina são mais intensos e aguçados que os dos meninos. Seus sentidos de paladar, olfato, tato e audição são extremamente aguçados. Isso significa que, muitas vezes, as meninas têm mais consciência daquilo que se passa na vida de outras pessoas. São capazes de ouvir na voz de alguém uma variação mínima indicando tristeza, medo ou empolgação. Ou, pela forma como as amigas a abraçam, podem perceber que alguma coisa está muito errada.

Quando os meninos ganham um jogo, eles ficam exibidos porque se acham o máximo.

EMILY, 9

Pelo fato de os meninos não terem as mesmas aptidões intuitivas que as meninas, às vezes nós os chamamos de insensíveis. Não é justo, porém, comparar a sensibilidade de um garoto com a de uma garota, pois cada um dos sexos opera em um nível diferente de percepção sensorial. Talvez seja justo dizer que o comportamento do menino pode parecer menos sensível que o da menina. Mas também não é justo dizer que, pelo fato de o menino ser menos sensível que a menina, ele possa ser classificado como insensível.

Os meninos não transformam um problema simples em algo supercomplicado, como as meninas fazem.

SHANNON, 16

Existe outra diferença importante entre meninos e meninas. As meninas conseguem reconhecer com facilidade uma variedade de emoções no rosto de outras pessoas. Só de olharem para a expressão facial, podem perceber, sem grande esforço, o que alguém está sentindo. Se você acrescentar a isso os sentidos mais aguçados das meninas, dá para ver que é fácil para a maioria das meninas saber como os outros estão se sentindo.

Os meninos, em contrapartida, têm bem mais dificuldade de interpretar as expressões faciais dos outros. Também precisam usar uma parte maior do cérebro para entender as emoções por trás de cada expressão facial. É natural e biologicamente cansativo para um garoto tentar entender o que outra pessoa está sentindo. Por isso, as meninas costumam se solidarizar mais com os sentimentos dos outros. Para elas, é bem mais fácil se colocar no lugar da outra pessoa e sentir aquilo que ela está sentindo. Por isso tantas meninas se interessam por profissões que lidam com pessoas. Contudo, muitos homens também escolhem profissões voltadas para pessoas, como as de conselheiro, pastor e enfermeiro, entre outras.

Os meninos não são muitos solidários nem sabem consolar muito bem uma menina quando ela está com problemas.

JANEL, 18

Em um ponto específico, os meninos são mais compreensivos do que você talvez imagine. Uma das perguntas da pesquisa era: “Em sua opinião, é mais difícil ser menina ou menino na sociedade de hoje? Por quê?”. Quase todas as meninas responderam que, por vários motivos, a vida é mais difícil para elas. Agora, se os meninos são tão insensíveis e desinteressados como as meninas às vezes imaginam que eles são, todos devem ter respondido que a vida é mais difícil para eles, certo?

Errado. Quase todos os meninos disseram que a vida é mais difícil para as meninas que para eles.

- ★ As meninas sofrem muita pressão em relação à aparência.
- ★ Parece que as meninas precisam estar sempre bonitas e agir da forma correta.
- ★ As meninas precisam encarar um monte de questões emocionais que eu nunca seria capaz de lidar.
- ★ As meninas precisam resolver a questão de carreira e família e, às vezes, precisam fazer escolhas e sacrifícios.
- ★ Algumas vezes, parece que as meninas não são tão respeitadas quanto os meninos.

Os meninos são bonitos.

ALYSSA, 7

Por acaso essas declarações parecem vir de pessoas insensíveis, que não estão nem aí? Acho que não. No fundo, creio que meninos entendem bem o que é dor, medo, tristeza e outras emoções. Mas eles as encaram e lidam com elas de forma diferente. Não tem nada de errado com isso, não é? Se nós meninas somos tão sensíveis e preocupadas quanto gostamos de imaginar que somos, então não deve ser problema deixar os meninos lidarem com as emoções do jeito deles.

Para ler

Salmo 38 (que, aliás, foi escrito por um homem...)

Para pensar

1. Pense numa ocasião em que você sabia que um garoto estava lidando com tristeza, solidão, decepção etc. O que ele fez? Como você reagiu?
2. Em sua opinião, garotos têm medo de demonstrar sentimentos? Explique.
3. Você já viu um menino sofrer gozações por ter chorado? O que aconteceu? Como você reagiu?
4. Em sua opinião, por que muitas pessoas dizem que os garotos são "insensíveis" ou "desinteressados"?

OS MENINOS ACHAM QUE AS MENINAS SE SAEM MELHOR EM...

(As "cinco mais": escola, maquiagem, moda, emoções, conversas)

fazer as coisas sem se sujar

usar maquiagem

ficar paradas

conversar

expressar emoções

ser sociáveis

trabalhar com crianças

criatividade

organização

cantar

formar amizades profundas

fazer compras

fofocar

ter uma boa aparência

escrever

aptidões sociais

fazer dez coisas ao mesmo tempo

artes

se vestir bem

andar em grupos

conversar ao telefone

combinar roupas

manter bom ânimo

demonstrar sentimentos

estudar

fazer tranças no cabelo

responder a pesquisas

dar andamento a uma conversa

compaixão

amor

permanecer calmas

perceber os sentimentos das pessoas

formar panelinhas

escola

higiene

tarefa de casa

animar torcida

moda

ter maturidade

dançar

ginástica

cozinhar

estar sempre perfumadas

jogar tênis

ser extrovertidas

paquerar

9 Sementinhas, cegonhas e colírios — os garotos e o sexo

Semente: estrutura formada a partir do óvulo fecundado de certas plantas. Geralmente, é formada por uma ou mais camadas que envolvem o embrião e pelo material nutritivo necessário para ela se tornar uma planta.

Cegonha: grande ave migratória de pernas compridas, bico e pernas vermelhos, plumas brancas e asas negras.

Sementinhas e cegonhas: duas imagens associadas às explicações sobre a reprodução e a sexualidade humanas. Também chamados, às vezes, de "fatos da vida".

Colírio: líquido aplicado sobre o globo ocular para tratamento ou alívio dos olhos. Na linguagem coloquial, se refere a uma pessoa atraente, de bela aparência.

Os meninos gostam de sair para brincar.
BRYSSA, 4

Por que os meninos agem de uma forma quando estão perto das meninas e mudam de comportamento quando os amigos deles aparecem?

Todas as meninas, todas as idades

Por que os meninos se preocupam tanto com a aparência física das meninas?

Kiki, 16

Por que os meninos sempre falam de sexo?

Megan, 15

Eu me lembro claramente da primeira vez em que me apaixonei. Foi aos 5 anos.

Frequentava o jardim de infância da escola Devonshire, nos arredores de Chicago. Tinha um menino na minha classe que estava sempre com o cabelo perfeitamente repartido, vestia camisas bonitas (em geral, abotoadas até em cima), calçava sapatos de couro com cadarço, não conversava muito e tinha cheirinho de sabonete. A mãe dele devia ser uma daquelas mulheres que lavava atrás das orelhas do filho todos os dias antes de ele sair de casa, pois, durante toda a manhã, quando o garoto andava pela sala de aula, o perfume de sabonete o acompanhava.

Por que os meninos conversam sobre o tamanho do busto das meninas?

Ashley, 15

Não sei se foi o fato de ele andar bem arrumado, se foi a timidez ou se foi o perfume de sabonete, mas logo no primeiro dia de aula me apaixonei perdidamente por aquele garotinho... cujo nome eu não me lembro mais.

Eu sei que crianças de 5 anos não entendem coisa alguma de amor romântico. Entendem do amor dos pais e dos avós. Entendem do amor por bichos de pelúcia, por um brinquedo especial e por um monte de *ketchup* em cima de toda a comida. Mas não entendem de amor romântico.

Por que os meninos vivem "ajeitando as partes" em público? (Desculpa, mas eu não sei outro jeito de dizer isso!)

Colleen, 16; Hannah, 14; Maggie, 16; Cherline, 15; Ashley, 15; Jill, 14; Rosanna, 16

Mas com certeza conseguem sentir amor romântico. Quando eu via aquele garoto (e sentia o perfume dele) na escola, meu coração batia mais rápido. As palmas das minhas mãozinhas ficavam grudentas de suor. Sentia a cabeça ficar meio leve e batia um friozinho no estômago, como se um vento polar tivesse soprado lá dentro.

Pois é, eu me apaixonei.

Ficava imaginando o que aconteceria se eu tentasse roubar um beijo dele no parquinho (não rolou). Ficava imaginando como seria se nós dois ficássemos cara a cara e conversássemos (também não rolou). Ficava imaginando que nome daríamos aos bebês que compraríamos no hospital depois de nos casarmos e nos mudarmos para a casa de bonecas no quintal da casa do meu papai e da minha mamãe (nada disso rolou).

Caramba, como eu estava apaixonada!

E, caramba, como eu era sem noção!

As meninas gostam de joias que brilham, os meninos não.

Lauren, 3

Apaixonar-se é algo extremamente real. Aliás, quando nos sentimos atraídos por alguém, acontece uma reação biológica em nosso corpo. O coração acelera. As pupilas dilatam. As palmas das mãos ficam suadas. As substâncias químicas do cérebro bagunçam com a cabeça e o estômago. "Apaixonar-se" é uma sensação física extremamente real.

As meninas têm uma forte atração pelo aspecto emocional da paixão. Para elas, tem a ver com relacionamento, amizade, proximidade e afinidade. Os meninos, em contrapartida (especialmente na adolescência), têm uma forte atração pelo aspecto físico da paixão. Isso não significa que o menino não se importa com a menina como pessoa, com características individuais. Mas o fato é que, por causa de como ele foi projetado e como o seu corpo funciona, ele reage à menina de maneira bem diferente da maneira que a menina reage a ele.

Por que os meninos estão sempre agarrando as meninas?

Louisa, 14

Quando chega à puberdade, o menino é literalmente inundado por hormônios. Todos os dias, uma onda de testosterona passa pelo cérebro e pelo resto do corpo entre cinco e sete vezes. Quando isso acontece, os efeitos da testosterona são ampliados e multiplicados: espírito competitivo, atividade física, energia, agressividade, força, impulsos sexuais. Claro que o garoto não passa por uma transformação diante dos seus olhos cada vez que o nível de testosterona sobe. Os efeitos não são assim tão óbvios. Duvido que você seria capaz de andar pelo corredor da escola e dizer quais meninos estão no meio de uma onda de testosterona naquele momento.

Ainda assim, os efeitos da testosterona são muito reais. E, no que diz respeito aos impulsos sexuais, esses efeitos têm uma forte influência sobre a adolescência dos garotos.

É difícil ser garoto, porque a gente precisa lidar com tentações e impulsos que são relacionados à atração que a gente sente pela maioria das garotas e porque as propagandas na televisão tentam apelar para o lado sexual dos caras.

A. J., 18

Muitas das meninas que responderam à pesquisa expressaram frustração, confusão e, em alguns casos, até nojo de garotos adolescentes e da atitude deles em relação a sexo. Mas entender o que acontece com os meninos durante a puberdade ajuda um bocado a entender os meninos em si.

Como deve se lembrar, os meninos estão entre um e dois anos atrás das meninas em termos de maturidade intelectual e emocional. O corpo deles, porém, se desenvolve no mesmo ritmo. Como resultado, um menino sente desejos físicos com os quais ele não está preparado para lidar em termos emocionais e intelectuais. Isso explica por que às vezes os meninos dizem e fazem coisas absurdas quando estão perto das meninas. De certa forma, eles são garotinhos com corpo de homem.

Por que os meninos vivem paquerando?

Liz, 15

A primeira coisa que você precisa entender, portanto, é que os meninos estão sujeitos às ondas de testosterona que inundam o sistema deles sem aviso e criam desejos e impulsos com os quais eles nem sempre sabem lidar.

A outra coisa que você precisa saber é que os meninos são extremamente visuais. De modo geral, enquanto a menina é motivada por aquilo que sente, o menino muitas vezes é motivado por aquilo que vê. A rede de restaurante Hooters,* por exemplo, faz o maior sucesso, mas você não vê os rapazes que trabalham no McDonald's arrumados como se fossem *strippers*. Por quê? Porque os homens gostam de olhar para o corpo das mulheres muito mais do que elas gostam de olhar para o corpo deles.

Isso não significa que as garotas não olhem para o corpo dos garotos.

É só ver as revistas para garotas adolescentes. Estão sempre lotadas de manchetes do tipo: "Dez colírios para você curtir", "Quem é o mais gatinho da TV?", "Por que a gente acha estes garotos lindos" e mais. As meninas olham para os garotos. Olham quando estão na praia. Olham quando estão lendo revistas. Olham quando estão na escola. Existem, porém, duas grandes diferenças na forma de as meninas e os meninos olharem para pessoas do sexo oposto.

Por que os garotos acham que sexo é tão importante?

JENNA, 17

A visão periférica das meninas é muito melhor que a dos meninos. Isso significa que a menina pode olhar para um garoto sem que ninguém perceba. Os meninos, por outro lado, costumam olhar diretamente para aquilo que chama a atenção deles. Portanto, se o sujeito olha para uma garota na praia, todo mundo percebe. Se a menina olha para um garoto, é possível que ninguém ao seu redor se dê conta.

Segundo, quando o menino olha para uma menina, muitas vezes se trata de uma reação biológica básica. Ele vê a menina. Ele olha. Ele admira. E, às vezes, os pensamentos dele vão longe e, do olhar, ele passa para o fantasiar e imaginar. Quando isso acontece, o garoto passou da admiração física aceitável para a cobiça inaceitável.

As meninas também cobiçam meninos. Quando uma menina olha para um garoto, é possível que, inicialmente, o olhar seja baseado em admiração física e atração. Às vezes, porém, os pensamentos dela vão longe demais, e ela começa a imaginar como seria se ele gostasse dela, se ele suprisse suas necessidades emocionais, se dissesse coisas bonitas para ela, a desejasse e a escolhesse para ser dele. Quando isso acontece, a garota passou da admiração física aceitável para a cobiça emocional inaceitável.

Muitos meninos cobiçam garotas.

E muitas garotas cobiçam ser cobiçadas pelos garotos.

Não gosto do fato de acharem que os meninos só pensam em sexo.

DREW, 17

Essa cobiça é um problema tanto para meninos quanto para meninas, mas as raízes do desejo de cada um são diferentes, conforme o modo em que foram criados e como seu corpo funciona. De acordo com o projeto de Deus, o desejo físico do homem pela mulher resultaria em compromisso, intimidade física e desejo de cuidar dela e amá-la para o resto da vida. O desejo da mulher pelo homem resultaria em compromisso, intimidade física, ligação emocional e o desejo de permanecer ligada a ele para o resto da vida.

O mundo, porém, distorceu muitos dos presentes bons que o Criador nos deu, inclusive o sexo.

A coisa mais difícil para um garoto é lidar com desejos impuros e tentar controlar os pensamentos.

JUSTIN, 18

Gostaria que você pensasse em algumas coisas.

Primeiro, uma vez que os garotos são estimulados visualmente, você deve ter sabedoria e cuidado na hora de se vestir. Muitas vezes, as meninas que mais reclamam do jeito que os meninos olham para elas são as que usam as roupas mais minúsculas, reveladoras e sensuais.

Isso quer dizer que você só poderá andar por aí vestida com saias que vão até o pé e blusas largas de gola alta? Não.

Mas quer dizer que você deve tentar ver as coisas do ponto de vista do garoto. Uma boa regra básica é não vestir roupas que deixem à mostra qualquer parte dos seios, barriga ou bumbum. Com a moda de hoje, não é tão fácil seguir essa regra. Muitas blusinhas cobrem apenas uma parte da barriga. Muitas são superdecotadas. E muitas calças e *shorts* têm a cintura tão baixa que mal cobrem o mínimo necessário.

Não é fácil se manter puro no mundo de hoje.

JUSTIN, 19

Se você quer que os meninos olhem para você de forma respeitosa, precisa se vestir de forma respeitosa. Se você quer que os meninos a vejam como uma pessoa, e não como um objeto, precisa se vestir de acordo. Suas roupas devem dizer a verdade a seu respeito. Se você veste trajes que fazem a imaginação do garoto correr solta e depois reclama porque ele não a trata como você merece, é porque você escolhe roupas que não dizem a verdade a seu respeito. Você vestiu algo que indicou o contrário daquilo que você deseja.

É difícil lidar com a influência das roupas minúsculas que as meninas usam.

MICHAEL, 13

UMA OBSERVAÇÃO IMPORTANTE: NÃO IMPORTA O QUE VOCÊ ESTEJA VESTINDO, O SEU TRAJE NUNCA JUSTIFICA CONTATO FÍSICO INAPROPRIADO, ASSÉDIO SEXUAL OU ESTUPRO.

A coisa mais difícil para um garoto é lidar com os hormônios.

NICK, 15

Você também precisa entender que, quando um menino olha para uma menina, não está, necessariamente, pensando nela com desejo sexual. Existe uma grande diferença entre cobiça e admiração, entre desejo pecaminoso e apreciação inocente. Nem sempre dá para saber o que um garoto está pensando. Aliás, nem eles mesmos conseguem identificar sempre qual é a motivação real. Mas você não precisa supor, logo de cara, que, ao olhar para você, o garoto está alimentando pensamentos impuros.

Mais uma coisa para você ter em mente: como os garotos têm impulsos sexuais que os pegam de surpresa tanto em relação ao momento em que ocorrem quanto em relação à intensidade, você precisa proteger-se dos meninos de situações que possam estimular um comportamento impuro. Nunca provoque um garoto com suas ações, palavras ou roupas. Nunca deixe um garoto pensar que sexo é sinônimo de amor. E nunca considere os dois a mesma coisa. Do contrário, você corre o risco de se ver em uma das situações mais infelizes da vida de uma adolescente: ser uma garota que oferece sexo a fim de receber amor (ou, no caso dos meninos, ser um garoto que oferece amor a fim de receber sexo).

A coisa mais difícil para um garoto é quando uma menina se veste e age de forma escandalosa. Isso sempre foi problema para os meninos, mas hoje em dia, pelo jeito como se vestem, as meninas não estão colaborando nem um pouco.

Josh, 17

Tenho a firme convicção de que um menino e uma menina não devem, jamais, se colocar numa situação que crie um clima apropriado para a tentação vencer as decisões sábias. Em outras palavras, os dois não devem jamais ficar sozinhos no quarto. Aliás, não devem ficar sozinhos em casa. Se saírem para namorar, devem ir a lugares públicos como restaurantes, parques e *shoppings*. Se você sair de carro com um garoto e se você ou ele estiver dirigindo, ligue para os seus pais quando chegarem ao seu destino e quando estiverem voltando para casa. Desse modo, eles saberão a que horas você estará de volta.

Tudo isso pode parecer ridiculamente antiquado para você, mas Deus dá valor extremamente alto à pureza em todas as áreas da vida. Pureza não tem a ver só com sexualidade. Também tem a ver com a forma de você conversar com as pessoas. Tem a ver com os seus pensamentos. Tem a ver com a forma de você gastar o seu dinheiro. Tem a ver com o tipo de livros que você lê e filmes a que você assiste.

Deus nos chamou para ter uma vida sem qualquer traço de imoralidade sexual. Isso significa que ele deseja que você preste atenção não apenas em suas ações, mas em como elas podem ser interpretadas por outras pessoas. Se você é amiga chegada de um garoto, mas não tem nenhum interesse romântico por ele, e se ele também se sente assim em relação a você, pode dar a impressão de que não tem nada de errado vocês passarem um bocado de tempo juntos, sem ninguém por perto. Que mal há nisso?

Vocês podem passar tempo juntos. Mas ficarem sozinhos num lugar em que ninguém pode vê-los não é boa ideia. Pode acontecer de, um dia, vocês estarem batendo papo a sós e, de repente, ele ou vocês dois perceberem que os sentimentos estão mudando. A situação se torna comprometedora quando você combina esses sentimentos com o fato de estarem a sós, sem ninguém por perto. Ou pode ser que passem tempo juntos a sós e os sentimentos não mudem, mas outras pessoas interpretem a sua proximidade e o tempo que vocês passam juntos, sem outros por perto, como algo mais. Vocês se veem numa situação que parece comprometedora, mesmo que não seja, e são obrigados a dar explicações e se defender. Esse é um dos motivos

As meninas gostam de quase todos os animais, exceto ratos.

Tanner, 7

pelos quais a Bíblia nos aconselha a evitar até a "menção de imoralidade sexual". É muito legal quando meninas e meninos têm amizade. Cada um pode contribuir para o relacionamento com os seus pontos fortes e aptidões. Um garoto pode se sentir seguro de conversar com uma menina sobre as emoções dele, pois sabe que ela provavelmente vai entender esses sentimentos e não vai rir nem tirar um barato dele. Uma menina pode se sentir segura de conversar com um garoto, pois sabe que ele provavelmente não vai contar as ideias e os sentimentos dela para todos os amigos dele.

Gostaria que as meninas entendessem a pressão que os garotos sentem em relação a elas e o medo que eles têm de ser rejeitados.

Scott, 17

Uma menina que não gosta de conversar com amigas talvez descubra que um amigo pode oferecer aquilo de que ela precisa: a oportunidade de ter amizade sem precisar discutir tudo e analisar tudo. Um garoto que não é muito competitivo talvez descubra que uma amiga pode oferecer aquilo de que ele precisa: a oportunidade de ser ele mesmo sem precisar provar que é mais capaz, engraçado ou melhor do que qualquer outro cara.

Muitas meninas sabem que alguns meninos agem de forma diferente assim que os amigos dele entram em cena. De repente, ele precisa competir e surge e necessidade de parecer durão. O sujeito que alguns minutos atrás era atencioso, gentil, comunicativo e amigável se torna indiferente, distante e cheio de si. Isso faz parte do processo de crescimento. Os garotos enfrentam um dilema e tanto: querem parecer másculos perto dos amigos e, ao mesmo tempo, querem tirar a máscara de sujeito durão sempre que surge uma oportunidade. O seu amigo continua a se importar com você. Continua a gostar de você. Ele só não tem maturidade suficiente ainda para encontrar o equilíbrio entre quem ele é de verdade e quem ele acha que precisa ser. Com o tempo, ele vai se encontrar.

É difícil ser garoto e lidar com desejos impuros.
DANIEL, 16; BRADFORD, 16; MATT, 19; ERIK, 17

A amizade entre meninos e meninas pode ser algo muito legal por uma porção de motivos. Mas você não pode se esquecer de que, no fundo, os garotos estão lidando com níveis elevados de testosterona que produzem impulsos sexuais intensos e imprevisíveis. Isso é normal. Deus os criou para serem assim. No mundo de hoje, porém, estamos cercados de insinuações sexuais, e você precisa tomar cuidado para não colocar mais lenha na fogueira. Precisa ser sábia, consciente, cautelosa e comprometida com uma vida de pureza a fim de proteger-se e aos garotos que você conhece.

Para ler

Efésios 5.1-7
Gênesis 39.6-12

Para pensar

1. As meninas têm alguma responsabilidade de ajudar os garotos a lutar contra os desejos impuros e a tentação?

Os meninos gostam de escrever histórias.
LAUREN, 5

2. Existe alguma coisa que você precise mudar na forma como você se veste, age ou conversa quando está perto dos meninos?
3. Como você se protege da grande quantidade de mensagens de conteúdo sexual que estão por toda parte no mundo de hoje, especialmente na mídia?
4. Como você define "pureza"? Como você acha que Deus define "pureza"?

OS MENINOS GOSTARIAM QUE AS MENINAS ENTENDESSEM...

(A resposta mais frequente: como eles se sentem.)

Que, às vezes, os garotos simplesmente querem ser imaturos.

MIKE, 17

A pressão que os meninos sentem quando convidam uma menina para sair e o medo que eles têm de ser rejeitados.

SCOTT, 17

Que os meninos também são sensíveis.

BEN, 17

Que a gente não se preocupa tanto com os detalhes.

ERIK, 18

Que, quando um garoto não quer conversar, não quer dizer necessariamente que ele esteja bravo.

DANIEL, 18

Que elas têm grande influência sobre a nossa autoestima e não devem abusar dessa influência.

JOE, 19

Nossa obsessão por carros maneiros.

JOSH, 18

Que esportes são importantes pra nós.

ROBBY, 11

Que a gente detesta participar das festas da irmã mais nova.

AARON, 14

Que a gente não é tão sentimental.

ERIC, 13

Que meninos *precisam* jogar *paintball*. Eu não posso viver sem jogar.

JOEY, 13

Que nós não somos todos iguais e podemos mudar.

JACOB, 12

Que a gente não se preocupa com a aparência.

NATHANIEL, 13

Que nós não somos babacas.

CHASE, 12

Que nós somos super gente boa.

EVAN, 15

Que nós também temos sentimentos.

JAMES, 15

Que a gente não joga *video game* o tempo todo.

PETER, 18

10 Os Cavaleiros da Távola Redonda

De acordo com as historinhas da Mamãe Gansa, meninos são feitos de "cobras, lesmas e caudas de cachorrinhos". Mas provavelmente seria mais certo dizer que são feitos de "*neurônios, hormônios, trancos e barrancos*".

Três coisas são de grande ajuda para compreendermos melhor os meninos:

1. Entender como o cérebro dos meninos funciona.
2. Entender que os aspectos biológicos do menino determinam o início da puberdade e ter noção do papel dos hormônios.
3. Entender os trancos e barrancos que os meninos enfrentam no mundo de hoje — "Seja homem!" "Seja durão!" "Não tenha medo de chorar!" "Não deixe outros perceberem o seu medo!" "Expresse os seus sentimentos!".

Mas talvez a melhor maneira de compreender os meninos seja deixar que eles falem. Por isso, perguntei a oito garotos do último ano do ensino médio se eles estavam a fim de sentar e conversar sobre como é a vida deles. No começo, eles não se animaram muito, mas, quando eu falei que ia ter *pizza* "na faixa", eles concordaram.

As meninas conversam sobre coisas de menina e os meninos conversam sobre aviões e heróis que salvam as pessoas e beisebol e coisas legais.

AUSTEN, 6

Talvez tenha um pingo de verdade no ditado: "O caminho para chegar ao coração de um homem passa pelo estômago".

Numa terça-feira à noite, alguns dias antes da formatura, Kyle Anderson, Nate Benson, Ryan Bridgeman, Will Frank, Mike Frankberg, Mark Kozitka, Sam Mosher e Adam Schmidt foram à sede do projeto *Young Life* para aquilo que chamarei de reunião dos Cavaleiros da Távola Redonda (tudo bem que a mesa era quadrada...).

Convidei esses oito garotos por vários motivos. Primeiro, porque eu os conheço há vários anos e os vi crescerem e deixar de ser meninos irrequietos, desastrados e meio doidos no primeiro ano do ensino médio e se tornarem rapazes atenciosos, responsáveis e fortes. Segundo, admiro as suas realizações acadêmicas, atléticas e artísticas. Juntos, esses oito garotos representam esforço, determinação e disposição de fazer sacrifícios para correr atrás dos seus sonhos. Terceiro, eles representam uma grande variedade de personalidades, interesses e aptidões. E, por fim, imaginei que estariam dispostos a conversar de forma aberta e honesta sobre a vida deles como garotos e responder às muitas perguntas que recebi das meninas.

Eu estava certa.

A sede do projeto *Young Life* tem duas mesas de pebolim. Os Cavaleiros da Távola Redonda (daqui em diante chamados de CTR) chegaram antes da *pizza*. Enquanto esperavam a comida, começaram a organizar uma partida séria de pebolim. Primeira coisa a fazer? Definir as regras, algo típico de garotos.

— Vale rodar ou não? — um dos CTR perguntou.

— Vale rodar, com certeza — outro respondeu.

Como todo garoto que se preze, eles queriam regras e limites claramente definidos para que a competição pudesse ser justa, intensa e organizada.

Depois de alguns minutos de jogo disputado, com gritos, torcida, discussões e placar, a *pizza* chegou, e nos sentamos para comer (o item mais importante do programa) e conversar (desagradável, mas um requisito necessário para participar do programa).

Abaixo, os comentários que eles fizeram.

Eu: Muitas meninas questionam o nível de maturidade dos meninos. Volta e meia, elas dizem coisas do tipo: "Os meninos são tão imaturos. Acham graça de coisas bobas. Precisam crescer".
O que vocês pensam disso?
CTR: Quando garotos agem de forma imatura, normalmente é uma forma de chamar atenção. Mais cedo ou mais tarde, a gente passa dessa fase... Hoje em dia a gente não faz mais as bobeiras que fazia três anos atrás. Mas a maioria dos caras não supera isso totalmente e, de vez em quando, tem umas recaídas. Até mesmo os nossos pais, quando se reúnem com os amigos, às vezes fazem umas coisas esquisitas ou meio bobas. É assim que nós somos. É divertido ser imaturo. Não o tempo todo, é claro. Mas é legal relaxar e colocar de lado as pressões de ser responsável, forte e sério.

Eu: As meninas não entendem como funcionam os sentimentos dos meninos. Vocês os escondem? Ignoram? Aliás, vocês têm sentimentos?
CTR: Claro que a gente tem sentimentos. As meninas vivem dizendo que a gente precisa expressar os nossos sentimentos,

Os meninos gostam de ficar sem fazer nada, só na preguiça.
JOSHUA, 10

mas, quando a gente faz isso, elas tiram um barato de nós. Cada garoto é diferente, e cada um demonstra os sentimentos de forma diferente. Se um menino chora quando é menor, tipo, no ensino fundamental, as outras crianças riem dele. Essa experiência marca a vida dele, e, quando ele vai ficando mais velho, evita chorar na frente de outras pessoas.

Mas todos nós choramos de vez em quando. Muitas vezes, atletas, que deveriam ser caras durões e insensíveis, choram na festa do final do campeonato ou depois de um jogo importante. Nessas situações não tem problema chorar. As pessoas consideram aceitável.

Um bocado de coisas depende da família do garoto. Se o pai dele chora na frente dos outros, pode ser que o garoto se sinta mais à vontade com isso. Se o pai sempre diz: "Seja forte. Não deixe ninguém ver você chorar", o garoto provavelmente terá vergonha de chorar em público.

Quando a gente vê homens mais velhos chorarem, a princípio é meio chocante. Às vezes acontece de homens adultos, que supostamente não se abalam com coisa alguma, demonstrarem os sentimentos deles na frente de todos. Em geral isso só acontece em ocasiões extraordinárias, tipo um funeral. Isso é típico de garotos e homens. A gente tem sentimentos, mas normalmente só os expressa quando são bem intensos. As coisas pequenas parecem não afetar a gente tanto quanto afetam as meninas. Talvez por isso a gente dê a impressão de ser insensível. Mas não é.

Todos nós aprendemos alguma coisa sobre as meninas e os sentimentos delas. Quando a gente vê uma menina chorar, nossa primeira reação é tentar consertar as coisas. Agora, a gente está ligado que não é bem assim que funciona, que isso chateia as meninas. Nem sempre a gente sabe o que deve fazer quando uma menina chora, mas com certeza sabe o que *não* deve fazer.

Eu: Muitas pessoas acham que a raiva é a emoção que os meninos e os homens sabem expressar melhor. Como vocês lidam com a raiva?

CTR: Na verdade, para nós a raiva pode ser a emoção mais difícil de lidar. Alguns garotos são conhecidos por serem engraçados e brincalhões. Quando ficam com raiva, as outras pessoas imaginam que eles estão brincando, o que os deixa com mais raiva ainda. Quando a gente explode de frustração, as pessoas ao nosso redor não entendem. Seria legal se, quando a gente expressa raiva, os outros nos levassem a sério. Desse jeito, poderíamos resolver a questão de uma vez.

Em contrapartida, os garotos têm facilidade em lidar com a raiva e depois largar mão. A nossa impressão é que as meninas gostam de drama e de remoer os sentimentos até não poder mais. A gente prefere encarar o problema, resolvê-lo e esquecê-lo. Por isso, quando a gente fica com raiva, quer lidar com ela e depois deixá-la de lado o mais rápido possível.

Um amigo nosso fez uma brincadeira com um cara que a gente conhece. Ele esvaziou os quatro pneus do carro do cara, e o sujeito ficou irado. Esculhambou o nosso amigo... e ponto final. Acabou aí mesmo.

Em nossa opinião, não é legal um garoto discutir com uma menina sobre as coisas, mesmo que ela queira, pois muitas vezes as meninas ficam remoendo os problemas e, com isso, eles se arrastam por mais tempo. Elas sempre analisam as coisas nos mínimos detalhes e continuam bravas bem depois que a gente já largou mão. Ficam bravas conosco por que não estamos mais zangados com seja lá o que for.

Eu: As meninas não entendem a fachada de valentão que muitos garotos criam. De onde vem isso?
CTR: A maioria de nós só está se mostrando. Existe pressão, talvez da TV e dos filmes, para sermos assim, e, quando a gente é mais jovem, age desse jeito. Mas, com o passar do tempo, nos sentimos mais seguros com a nossa personalidade, e aí não é mais tão importante manter essa fachada.

Eu: As meninas se consideram comunicativas. Mas quando vão conversar com os garotos, a coisa se complica. Elas se frustram porque, na cabeça delas, os meninos nunca estão a fim de conversar. Como é isso?
CTR: A gente prefere fazer coisas em vez de conversar. Ficar sentado falando não é muito divertido. Parte do problema é encontrar um assunto que seja interessante para todo mundo. Às vezes, é difícil expressar os nossos pensamentos em palavras de forma clara. E, para dizer a verdade, às vezes não é legal conversar com meninas (claro que não é sempre assim. Todos nós aqui temos amigas com as quais conversamos, mas já que você perguntou...) porque elas ficam analisando tudo e falam tanto. Às vezes uma menina leva duas horas para contar uma história que um garoto poderia contar com meia dúzia de frases. Isso não é uma coisa ruim, mas provavelmente faz parte do motivo pelo qual a gente nem sempre está a fim de sentar para conversar.

Eu: Uma das perguntas mais frequentes das meninas foi: "Por que os garotos mudam quando estão perto dos amigos? A gente está se divertindo e daí os amigos dele chegam e ele se transforma numa pessoa diferente".

CTR: Para alguns de nós é como se a gente vivesse em dois mundos diferentes. A gente precisa ser sensível perto das meninas e durão perto dos nossos amigos. Em parte, é porque a gente não quer passar vergonha. Não quer que os nossos amigos nos vejam sendo gentis ou deixando uma menina levar vantagem. Não queremos dar a impressão de que a menina está controlando a gente ou o nosso comportamento.

Mas isso muda à medida que ficamos mais velhos. A gente não se importa mais se os nossos amigos nos veem conversando com uma menina. É verdade que a gente vai se tornando mais sensível à medida que fica mais velho. E se tivéssemos noção de quanto magoamos as meninas quando éramos mais jovens, provavelmente não teríamos feito uma porção de coisas.

Eu: As meninas querem entender por que os garotos são tão competitivos e tão ligados em esportes.

CTR: Muitos dos heróis dos meninos são atletas. Quando estávamos no ensino fundamental, tinha um jogador famoso que todos nós admirávamos e queríamos ser iguais a ele. Muitos meninos se interessam por esportes por causa de atletas famosos. Quem pratica esportes experimenta uma onda de adrenalina pouco antes da competição e logo depois

Um dia, eu espero conhecer um menino de que eu goste e que seja uma gracinha e legal.

EMILY, 9

de vencer. É o máximo. Talvez isso tenha a ver com o nosso fanatismo por esportes.

Mas nem todos os garotos são do tipo atlético e nem todos gostam de esportes. Aqueles que não gostam sofrem gozações direto. As pessoas nos chamam de "menininhas" e "fracotes". Quando os meninos são mais novos, eles têm essa ideia de que só os atletas são legais. A gente sabe que não é assim. Agora que estamos mais velhos e maduros, estamos satisfeitos com quem somos.

Eu: As meninas têm a ideia de que os garotos só querem saber de sexo e só pensam nisso o tempo todo. É verdade? Como vocês lidam com a tentação e a cobiça?
CTR: A gente não pensa em sexo o tempo todo. E quando pensa, nem sempre é para fantasiar. As meninas agem como se a gente passasse o dia inteiro imaginando como é ter sexo, e não é assim. Ter curiosidade sobre sexo e pensar sobre isso de forma saudável não é o mesmo que ter sexo.

É verdade que a gente olha para as meninas. Em parte, é instintivo. Quando a gente repara numa menina, o nosso olhar acompanha e a gente nem percebe. Quando um garoto olha para uma menina, não quer dizer que ele gosta dela ou que ele está tirando a roupa dela com os olhos ou tendo pensamentos impuros. Muitas vezes, a gente olha porque essa é a nossa reação normal àquilo que está ao nosso redor.

A gente não entende por que as meninas ficam tão irritadas de os meninos olharem para elas. Elas vivem dizendo coisas do tipo: "Nossa, ele é uma gracinha", o que dá na mesma. Mas ninguém diz: "As meninas só pensam na aparência dos garotos".

A forma de algumas meninas se vestirem não ajuda. A gente se distrai facilmente com aquilo que vê. Quando vemos meninas vestidas desse jeito, muitas vezes nos perguntamos se elas só querem atenção, se elas detestam a mãe delas e se elas se respeitam, porque parece que não. A maneira de uma menina se vestir diz muita coisa sobre como ela é. Meninas podem se vestir bem e de forma atraente sem parecer prostitutas. Isso não impressiona os garotos nem um pouco. É provável que ele repare nela e olhe para ela, mas a maioria dos meninos não está interessada nesse tipo de garota.

Essa é mais uma coisa que vem com a maturidade. À medida que ficamos mais velhos, aprendemos que existem maneiras de nos protegermos. Um dos nossos amigos é bem alto e ele anda pelo corredor da escola olhando para o teto. Do contrário, ele teria uma vista perfeita do decote das blusas de todas as meninas. Às vezes ele tromba com as coisas e parece um desastrado, mas o que ele está fazendo é superlegal.

Nem sempre é fácil fazer a coisa certa, especialmente por causa de tudo que nos cerca. Mas é possível tomar decisões corretas. Especialmente se meninas e meninos tiverem os mesmos objetivos e estiverem comprometidos com as mesmas coisas.

É isso aí. Respostas honestas direto da fonte. É provável que não esclareçam *todas* as suas dúvidas, mas não é esse o objetivo. O objetivo é começar a respeitar, honrar e aceitar os

Os meninos vivem interrompendo os outros.
MADELEINE, 8

meninos por eles serem quem são tanto como indivíduos quanto como grupo.

Os meninos são o máximo. Deus teve uma excelente ideia quando os criou. E teve uma excelente ideia quando criou as meninas. E quando eles olham uns para os outros não como chateações a serem evitadas ou problemas a serem resolvidos, todo mundo sai ganhando. Afinal, Deus só disse que a sua criação era muito boa depois que ele fez homens e mulheres. É hora de todos nós começarmos a viver como quem acredita nisso de verdade.

Para ler

1João 4.7-21 (tudo sobre o amor de Deus por todas as pessoas, tanto do sexo feminino quanto do sexo masculino.)

Para pensar

1. Quais foram algumas coisas novas que você aprendeu sobre as diferenças entre meninos e meninas?
2. As coisas que você aprendeu vão mudar a sua forma de encarar, reagir ou se comunicar com os meninos? Como?
3. Agora você sabe quais são as verdadeiras diferenças entre indivíduos do sexo masculino e do sexo feminino. Em sua opinião, por que Deus criou essas diferenças?
4. Quais são os maiores desafios que meninos e meninas enfrentam para entender e respeitar uns aos outros?

P. P. S.

Tudo terminou com uma camiseta.

Na verdade, não foi com uma camiseta, mas com um adesivo para camiseta, daqueles que a gente estampa no tecido com o ferro de passar.

Depois de vários meses lendo, pesquisando, conversando, ensinando, escrevendo e pensando sobre as questões que às vezes separam os meninos das meninas, por um breve momento eu pensei: "Talvez não seja grande coisa. Talvez as meninas entendam os garotos. Talvez elas respeitem e honrem os garotos. Talvez elas reconheçam que eles são criação de Deus, muito bem projetados e profundamente amados. Talvez as meninas pensem o melhor dos meninos no que diz respeito ao nível de maturidade deles. Talvez elas sejam legais, gentis e educadas com os meninos... e, nesse caso, este livro é completamente desnecessário".

Enquanto esses pensamentos passavam pela minha cabeça, abri uma das muitas revistas para garotas adolescentes que havia empilhado na minha escrivaninha (só para fins de pesquisa... Vou me livrar delas de bom grado quando terminar de escrever. Apesar de ter gostado de alguns artigos e informações, um bocado das coisas que essas revistas dizem sobre meninos

Os meninos gostam de se casar com as meninas.
BRYSSA, 4

é ridículo e, em alguns casos, totalmente falso). De dentro da revista, caiu um daqueles milhares de papéis de propaganda que não deixam a gente folhear as revistas direito.

Esse papel era, na verdade, um adesivo para camiseta que dizia: MENINAS ARRASAM.

Fica subentendido que os meninos *não* arrasam. Em outras palavras, as meninas são melhores que os meninos.

Naquele instante, tive certeza de que as questões de meninos, meninas, diferenças entre os sexos e respeito uns pelos outros precisavam ser tratadas.

Espero que você termine de ler este livro com uma nova admiração pela humanidade que Deus criou, homens e mulheres. Também espero:

1. Que você entenda de forma um pouco mais clara como o cérebro e outros aspectos biológicos dos meninos funcionam, tornando-os quem eles são.
2. Que você perceba que "diferente" não quer dizer "melhor" ou "pior".
3. Que você possa entender melhor as pressões e lutas que os garotos enfrentam.
4. Que, mesmo quando eles a chateiam e irritam, você possa se lembrar de que os garotos são seres humanos, e não uma subespécie da qual as meninas podem tirar um barato e fazer pouco.

E, acima de tudo, espero que você descubra uma nova admiração por Deus, aquele que imaginou, pensou, projetou e criou cada pessoa que passará pela terra.

Deus é o máximo. Não se esqueça disso. Amá-lo a ajudará a amar todo mundo ao seu redor... inclusive os meninos.

Crystal

Você sabia?

Com exceção das células do cérebro, enquanto você lê esta frase 50 milhões de células do corpo terão morrido e sido substituídas por células novas.

As mulheres têm 500 genes a mais que os homens.

Ao longo da vida, uma pessoa engole, em média, sete aranhas.

O intestino delgado tem, em média, 7 metros de comprimento.

Uma pessoa libera por meio de flatulência cerca de meio litro de gás intestinal por dia. A maior parte desse gás vem de ar que é engolido.

Formigas não arrotam.

Na cidade de Omaha, estado de Nebraska, EUA, existe uma lei que proíbe as pessoas de arrotarem dentro da igreja.

Os seres humanos usam apenas 10% do cérebro.

A abelha rainha põe 1.500 ovos por dia.

A mariposa macho consegue sentir o cheiro de uma fêmea a mais de 5 km de distância.

Quando entram numa loja de departamentos, 90% das mulheres viram para o lado direito.

Os seres humanos transpiram cerca de 800 ml de suor por dia.

O cérebro humano constitui apenas 2% do peso total de um adulto, mas consome 20% do suprimento de oxigênio do sangue.

O fio de cabelo de uma menina tem cerca de metade do diâmetro do fio de cabelo de um menino.

Ao longo da vida, o homem passa, em média, 3.350 horas se barbeando...

... para cortar 8,4 m de barba.

O cérebro masculino típico pesa cerca de 1,5 quilo.
O cérebro feminino típico pesa cerca de 1,3 quilo.

Um ser humano produz mais de 23.600 litros de saliva ao longo da vida.

Quando tossimos, expelimos ar a uma velocidade média de 96 km/hora.

As meninas piscam duas vezes mais que os meninos.

O barulho que se ouve ao estalar os dedos é causado pelo estouro de uma bolha de gás.

Somente pulgas fêmeas podem ser treinadas para um circo de pulgas.

O coração do homem bate de oito a dez vezes mais por minuto que o coração da mulher.

As alianças são colocadas no quarto dedo da mão esquerda porque, antigamente, as pessoas acreditavam que a "veia do amor" saía desse dedo e ia até o coração.

As glândulas sudoríparas do porco ficam no focinho.

O sexo das tartarugas *Terrapene carolina* é identificado pela cor dos olhos.

Pernilongos machos são totalmente vegetarianos.

Em 205 a. C., os romanos criaram uma lei que proibia mulheres de dirigirem carruagens.

Fontes

O livro que você acabou de ler é cheio de fatos, estatísticas, estudos e citações, todos de fontes extremamente confiáveis. Se fosse um livro didático, seria lotado de notas de rodapé. Mas quem está a fim de ler um livro didático lotado de notas de rodapé, hein? Nossa ideia era criar um texto divertido, fácil de ler e verdadeiro. Por isso, em vez de colocar notas para todos os fatos, estatísticas, estudos e citações, resolvemos fazer uma lista das nossas fontes no final e deixar por isso mesmo. Desse modo, você pode verificar as informações depois, sem ser interrompida toda hora durante a leitura.

Uma boa e fluente leitura para você!

BEAUSAY, Bill. *Teenage Boys!*. Colorado Springs: Waterbrook Press, 1998.

DOBSON, James. *Educando Meninos*. São Paulo: Mundo Cristão, 2003.

ELDREDGE, John. *Coração Selvagem — descobrindo os segredos da alma do homem*. Rio de Janeiro: CPAD, 2004.

GURIAN, Michael e HENLEY, Patricia. *Boys and Girls Learn Differently!*. New York: Jossey-Bass, 2001.

______. *The Wonder of Boys*. New York: Tarcher/Putnam, 1996.

MOIR, Anne e Bill. *Why Men Don't Iron*. New York, Citadel Press, 1999.

PEASE, Barbara e Allan. *Por que os homens fazem sexo e as mulheres fazem amor?*. Rio de Janeiro: Sextante, 2000.

"Science of the Sexes", *Discovery Channel* (disponível em DVD).

SHALIT, Wendy. *A Return to Modesty*. Florida: Touchstone, 1999.

STAUCH, Barbara. *Como entender a cabeça dos adolescentes*. Rio de Janeiro: Campus, 2003.

TANNEN, Deborah. *Você simplesmente não me entende — o difícil diálogo entre homens e mulheres*. Rio de Janeiro: Best Seller, 1990.

Compartilhe suas impressões de leitura escrevendo para:
opiniao-do-leitor@mundocristao.com.br
Acesse nosso *blog*: www.mundocristao.com.br/blog

Diagramação: Sonia Peticov
Preparação: David e Elisiane Araújo
Revisão: Josemar de Souza Pinto
Fonte: Cushing book
Gráfica: Imprensa da Fé
Papel: Offset 90 g/m² (miolo)
Cartão 250 g/m² (capa)